Lennart Fuhse

Das Thomasevangelium in seinem Verhältnis zum Neuen Testament

Lennart Fuhse

Das Thomasevangelium in seinem Verhältnis zum Neuen Testament

Tectum Verlag

Lennart Fuhse

Das Thomasevangelium in seinem Verhältnis zum Neuen Testament
ISBN: 978-3-8288-9620-8

Umschlagabbildung: Faksimile des Thomasevangeliums, NHC II, 2.

Besuchen Sie uns im Internet
www.tectum-verlag.de

Bibliografische Informationen der Deutschen Nationalbibliothek
Die Deutsche Nationalbibliothek verzeichnet diese Publikation in der Deutschen Nationalbibliografie; detaillierte bibliografische Angaben sind im Internet über http://dnb.ddb.de abrufbar.

Inhalt

Teil I: Das Evangelium nach Thomas (EvThom)

Das koptische EvThom aus Nag Hammadi auf deutsch

Neue Quellen, die den neuesten Handschriftenfunden entstammen, vor allem das (koptische) Thomasevangelium, stehen in ihrem historischen Quellenwert dem Neuen Testament gleich und dürfen nicht deshalb als geringwertig angesehen werden, weil sie nicht kanonisch sind.

Helmut Köster[1]

Hier gebe ich die deutsche Übersetzung des koptischen Textes wieder, die Beate Blatz in Wilhelm Schneemelchers Buch »Neutestamentliche Apokryphen — I: Evangelien« veröffentlicht hat. Ich habe sie aber, wo angegeben, nach den Übersetzungen von Grondin, Fieger u.a. abgeändert. Leider stehen mir die Ergebnisse des »International Q Project«[2] von James Robinson noch nicht zur Verfügung. Von dieser Seite ist eine neue kritische Übersetzung angekündigt.

Das Thomasevangelium ist nur in koptischer Sprache komplett erhalten. Auf die griechischen Papyrusfragmente, deren Bedeutung noch umstritten ist[3], gehe ich vorerst nur in Anmerkungen ein.

---

[1] Köster, Seite 111.

[2] Angekündigt ist: »The Critical Edition: A Synopsis including the Gospels of Matthew and Luke, Mark and Thomas with English, German und French Translations of Q and Thomas«

[3] Da bei Logion 36 die griechische Version (also die Versionen der Papyri Oxyrhynchi) weiter entwickelt ist als die koptische, halte ich den Wortlaut der koptischen Handschrift zumindest hier für ursprünglicher als den der griechischen Papyrusfragmente. Ähnlich: Zöckler, Seite 26. Darum verzichte ich hier auf eine Wiedergabe der griechischen Papyri.

Das Evangelium nach Thomas

Dies sind die geheimen Worte, die Jesus der Lebendige sagte und die Didymus Judas Thomas aufgeschrieben hat.

1. Und er sagte: Wer die Bedeutung[4] dieser Worte findet, wird den Tod nicht schmecken.

2. Jesus sagte: Wer sucht, soll nicht aufhören zu suchen, bis er findet; und wenn er findet, wird er bestürzt sein; und wenn er bestürzt ist, wird er verwundert sein, und er wird über das All herrschen[5].

3. Jesus sagte: Wenn die, die euch führen, euch sagen: Seht, das Königreich ist im Himmel, so werden euch die Vögel des Himmels vorangehen; wenn sie euch sagen: Es ist im Meer, so werden euch die Fische vorangehen. Aber das Königreich ist in eurem Inneren, und es ist außerhalb von euch[6]. Wenn ihr euch erkennen werdet, dann werdet ihr erkannt, und ihr werdet wissen, dass ihr die Söhne des lebendigen Vaters seid. Aber wenn ihr euch nicht erkennt, dann werdet ihr in der Armut sein, und ihr seid die Armut.

4. Jesus sagte: Der alte Mensch wird nicht zögern in seinem Alter, ein kleines Kind von sieben Tagen zu befragen über den Ort des Lebens, und er wird leben; denn viele Erste werden die Letzten werden, und sie werden ein Einziger werden.

5. Jesus sagte: Erkenne das, was vor dir ist, und das, was vor dir verborgen ist, wird dir enthüllt werden; denn es gibt nichts Verborgenes, was nicht offenbar werden wird[7].

6. Seine Jünger fragten ihn und sagten zu ihm: Willst du, dass wir fasten? Und wie sollen wir beten und Almosen geben? Wie beachten wir die Frage der Speisen? Jesus sagte: Lügt nicht – und, was ihr verabscheut, das tut nicht, denn es gibt nichts Verborgenes, das nicht offenbar werden wird, und es gibt nichts Verhülltes, das bleibt, ohne enthüllt zu werden.

---

[4] Blatz: »Interpretation«, Fieger: »Erklärung«

[5] In Papyrus Oxyrhynchus (POxy) 654 folgt hier noch: »und Ruhe finden.«

[6] Im POxy 654 ist der Zusatz »und es ist außerhalb von euch« nicht überliefert.

[7] POxy 654 fügt noch hinzu: »und [nichts] ist begraben, was nicht auferweckt werden wird.«

7. Jesus sagte: Selig ist der Löwe, den der Mensch isst, und der Löwe wird Mensch werden; und verflucht sei der Mensch, den der Löwe frisst, und der Löwe wird Mensch werden[8].

8. Und er sagte: Der Mensch gleicht einem weisen Fischer, der sein Netz ins Meer warf; er zog es aus dem Meer voll von kleinen Fischen; unter ihnen fand er einen großen schönen Fisch, der weise Fischer; er warf alle kleinen Fische ins Meer, er wählte den großen Fisch ohne Anstrengung. Wer Ohren hat, zu hören, der höre!

9. Jesus sagte: Siehe, da ging ein Sämann hinaus, füllte seine Hand und warf die Samen. Ein Teil davon fiel auf den Weg; die Vögel kamen, sie aufzusammeln. Andere fielen auf den Felsen, und sie schlugen keine Wurzeln in der Erde und brachten keine Ähren hervor gen Himmel. Und andere fielen auf die Dornen; sie erstickten die Saat und der Wurm fraß sie. Und andere fielen auf die gute Erde, und sie brachte eine gute Frucht gen Himmel; sie brachte sechzig des Maßes und hundertzwanzig des Maßes.

10. Jesus sagte: Ich habe Feuer auf die Welt geworfen, und siehe, ich bewahre es, bis sie brennt[9].

11. Jesus sagte: Dieser Himmel wird vergehen. Und derjenige, der darüber ist, wird vergehen; und die, die tot sind, sind nicht lebendig, und die, die lebendig sind, werden nicht sterben. In den Tagen, in denen ihr esst, von dem, was tot ist, macht ihr daraus, was lebendig ist. Wenn ihr Licht sein werdet, was werdet ihr tun? An dem Tag, da ihr eins gewesen seid, seid ihr zwei geworden. Aber wenn ihr zwei geworden seid, was werdet ihr tun?

12. Die Jünger sagten zu Jesus: Wir wissen, dass du uns verlassen wirst; wer ist es, der groß über uns werden wird? Jesus sagte zu ihnen: Da, wo ihr hingegangen sein werdet, werdet ihr auf Jakobus, den Gerechten, zugehen, für den Himmel und Erde gemacht worden sind.

13. Jesus sagte zu seinen Jüngern: Vergleicht mich, sagt mir, wem ich gleiche. Simon Petrus sagte zu ihm: Du gleichst einem gerechten Engel.

[8] Fieger glaubt, der Schreiber hätte falsch abgeschrieben und es hätte ursprünglich geheißen: »[...] und der Mensch wird Löwe werden.«

[9] So übersetzt Fieger. Blatz übersetzte mit etwas anderer Bedeutung: »Ich habe ein Feuer auf die Welt geworfen, und seht, ich wache über es, bis es sich entzündet.«

Matthäus sagte zu ihm: Du gleichst einem weisen Philosophen. Thomas sagte zu ihm: Meister, mein Mund wird es absolut nicht zulassen, dass ich sage, wem du gleichst. Jesus sagte: Ich bin nicht dein Meister, denn du hast dich berauscht an der sprudelnden Quelle, die ich ausgemessen habe[10]. Und er nahm ihn und zog sich zurück und sagte ihm drei Worte. Als Thomas aber zu seinen Gefährten zurückgekehrt war, fragten sie ihn: Was hat dir Jesus gesagt? Thomas sagte zu ihnen: Wenn ich euch eines der Worte sage, die er mir gesagt hat, werdet ihr Steine nehmen und sie gegen mich werfen, und ein Feuer wird aus den Steinen hervor kommen und euch verbrennen.

14. Jesus sagte zu ihnen: Wenn ihr fastet, werdet ihr euch eine Sünde zuschreiben; und wenn ihr betet, werdet ihr verdammt werden; und wenn ihr Almosen gebt, werdet ihr Böses an eurem Geist[11] tun. Und wenn ihr in irgendein Land eintreten werdet und in den Gebieten wandert, wenn man euch empfängt, dann esst, was euch vorgesetzt wird; heilt die unter ihnen, die krank sind. Denn das, was in euren Mund hineingeht, wird euch nicht beflecken; aber das, was euren Mund verlässt, das ist es, was euch beflecken wird.

15. Jesus sagte: Wenn ihr den seht, der nicht aus der Frau geboren ist, werft euch mit dem Angesicht zur Erde und betet ihn an; dieser ist euer Vater.

16. Jesus sagte: Vielleicht denken die Menschen, dass ich gekommen bin, um Frieden auf die Welt zu werfen; und sie wissen nicht, dass ich gekommen bin, Uneinigkeiten[12] auf die Welt zu werfen, Feuer, Schwert, Krieg. Denn es werden fünf sein, die in einem Haus sein werden: Drei werden gegen zwei und zwei werden gegen drei sein, der Vater gegen den Sohn, der Sohn gegen den Vater, und sie werden als Einzelne dastehen.

17. Jesus sagte: Ich werde euch geben, was kein Auge gesehen und kein Ohr gehört und was keine Hand berührt hat und was nicht zum Herzen des Menschen aufgestiegen ist.

18. Die Jünger sagten zu Jesus: Sage uns, wie unser Ende sein wird. Jesus sagte: Da ihr entdeckt habt den Anfang, warum sucht ihr das Ende?

---

[10] So Fieger. Blatz: »die ich hervorströmen ließ.« Blatz hat selbst Zweifel an ihrer Übersetzung.

[11] Blatz: »Pneuma«

[12] Fieger: »Spaltungen«

Denn da, wo der Anfang ist, wird auch das Ende sein. Selig, wer sich an den Anfang im Anfang halten wird, und er wird das Ende erkennen, und er wird den Tod nicht schmecken.

19. Jesus sagte: Selig der, der war, bevor er wurde. Wenn ihr mir Jünger werdet und wenn ihr meine Worte hört, werden diese Steine euch dienen. Denn ihr habt fünf Bäume im Paradies, die verändern sich nicht, weder im Sommer noch im Winter, und deren Blätter fallen nicht. Derjenige, der sie kennt, wird den Tod nicht schmecken.

20. Die Jünger sagten zu Jesus: Sage uns, was mit dem Himmelreich zu vergleichen ist. Er sagte zu ihnen: Es ist gleich einem Senfkorn, dem kleinsten unter allen Samen; aber wenn es auf beackerten Boden fällt, kommt aus ihm ein großer Zweig hervor, der ein Schutz für die Vögel des Himmels wird.

21. Mariham[13] sagte zu Jesus: Wem gleichen deine Jünger? Er sagte: Sie gleichen kleinen Kindern, die sich auf einem Feld niedergelassen haben, das ihnen nicht gehört. Wenn die Herren des Feldes kommen, werden sie sagen: Lasst uns unser Feld. Sie sind ganz nackt in ihrer Gegenwart, damit sie es ihnen lassen und denen ihr Feld geben. Darum sage ich: Wenn der Herr des Hauses weiß, dass der Dieb kommen wird, wird er wachen, bevor er kommt; und er wird ihn nicht eindringen lassen in das Haus seines Königreiches, um seine Dinge mitzunehmen. Ihr aber, wacht angesichts der Welt; gürtet eure Lenden mit einer großen Kraft, dass die Räuber keinen Weg finden, um zu euch zu kommen. Denn der Lohn, auf den ihr rechnet, sie werden ihn finden. Wäre doch unter euch ein weiser Mann! Als die Frucht gereift ist, ist er sofort gekommen, seine Sichel in der Hand, und hat sie gemäht. Wer Ohren hat, zu hören, der höre.

22. Jesus sah Kleine, die gesäugt wurden. Er sagte zu seinen Jüngern: Diese Kleinen, die gesäugt wurden, gleichen denen, die ins Königreich eingehen. Sie sagten zu ihm: Wenn wir also Kinder werden, werden wir in das Königreich eingehen? Wenn ihr aus zwei eins macht und wenn ihr das Innere wie das Äußere macht und das Äußere wie das Innere und das Obere wie das Untere und wenn ihr aus dem Männlichen und dem Weiblichen eine Sache macht, sodass das Männliche nicht männlich und das Weibliche nicht weiblich ist und wenn ihr Augen macht statt eines Auges und eine Hand statt einer Hand und

[13] das ist Maria.

einen Fuß statt eines Fußes, ein Bild statt eines Bildes, dann werdet ihr in das Königreich eingehen.

23. Jesus sagte: Ich werde euch erwählen, einen unter tausend und zwei unter zehntausend, und sie werden dastehen, als wären sie ein Einziger.

24. Seine Jünger sagten: Belehre uns über den Ort, an dem du bist, denn es ist eine Notwendigkeit für uns, dass wir ihn suchen. Er sagte zu ihnen: Wer Ohren hat, der höre! Es ist Licht im Inneren des Menschen des Lichts, und er erleuchtet die ganze Welt. Wenn er nicht scheint, das ist die Finsternis.

25. Jesus sagte: Liebe deinen Bruder wie deine Seele; wache über ihn wie über deinen Augapfel.

26. Jesus sagte: Den Splitter, der im Auge deines Bruders ist, siehst du; aber den Balken, der in deinem Auge ist, siehst du nicht. Wenn du den Balken aus deinem Auge gezogen hast, dann wirst du klar sehen, um den Splitter aus deines Bruders Auge zu ziehen.

27. Jesus sagte: Wenn ihr nicht fastet gegenüber der Welt, werdet ihr das Königreich nicht finden; wenn ihr den Sabbat nicht feiert wie den Sabbat, werdet ihr den Vater nicht sehen.

28. Jesus sagte: Ich stand in der Mitte der Welt, und ich habe mich ihnen im Fleisch offenbart. Ich habe sie alle betrunken gefunden; ich habe niemanden unter ihnen durstig gefunden, und meine Seele wurde betrübt über die Söhne der Menschen; denn sie sind blind in ihrem Herzen, und sie sehen nicht, dass sie leer in die Welt gekommen sind, leer auch die Welt zu verlassen suchen. Aber nun sind sie betrunken. Wenn sie ihren Wein abschütteln, werden sie bereuen.

29. Jesus sagte: Wenn das Fleisch zur Existenz gelangt ist wegen des Geistes, so ist das ein Wunder. Aber wenn der Geist zur Existenz gelangt ist wegen des Leibes, so ist das ein Wunder der Wunder. Aber ich, ich wundere mich darüber, wie dieser große Reichtum in dieser Armut gewohnt hat.

30. Jesus sagte: Wo drei Götter sind, da sind es Götter; wo zwei oder einer ist, da werde ich mit ihm sein[14].

31. Jesus sagte: Kein Prophet wird in seinem Dorf aufgenommen, kein Arzt heilt die, die ihn kennen.

32. Jesus sagte: Eine Stadt, die auf einem Berg gebaut ist, erhöht und befestigt, kann nicht fallen, noch kann sie verborgen werden.

33. Jesus sagte: Das, was du mit deinem Ohr und mit dem anderen Ohr hörst, verkünde es auf euren Dächern. Denn niemand zündet eine Lampe an, um sie unter den Scheffel zu stellen, noch um sie an einen verborgenen Ort zu stellen; sondern man stellt sie auf einen Leuchter, damit jeder, der eintritt und hinausgeht, ihr Licht sieht.

34. Jesus sagte: Wenn ein Blinder einen Blinden führt, fallen sie beide hinunter in eine Grube.

35. Jesus sagte: Es ist nicht möglich, dass jemand in das Haus des Mächtigen eintritt und es mit Gewalt nimmt, es sei denn, er bände ihm die Hände; dann wird er sein Haus umdrehen.

36. Jesus sagte: Sorgt euch nicht vom Morgen bis zum Abend und vom Abend bis zum Morgen, mit was ihr euch bekleiden werdet[15].

37. Seine Jünger sagten: An welchem Tag wirst du dich uns offenbaren, und an welchem Tag werden wir dich sehen? Jesus sagte: Wenn ihr eure Scham nackt gemacht habt, wenn ihr eure Kleider nehmen und unter eure Füße legen werdet wie die kleinen Kinder und auf sie treten werdet, dann werdet ihr sehen den Sohn des Lebendigen und ihr werdet euch nicht fürchten.

38. Jesus sagte: Oft habt ihr gewünscht, diese Worte zu hören, die ich euch sage, und ihr habt keinen anderen, von dem ihr sie hören könnt. Tage werden kommen, da ihr mich suchen und nicht finden werdet.

[14] Im POxy 1 liest man statt dessen: »Wo auch immer drei Götter sind, da sind es Götter, und wo einer allein mit sich ist, ich bin mit ihm.« und es folgt nach diesem Satz noch: »Richte auf den Stein, und dort wirst du mich finden; spalte das Holz, und ich bin dort.« Dieser Nachsatz ist hier, in der koptischen Version, in Logion 77 zu finden.

[15] Im POxy 655 folgt noch: »Um vieles besser seid ihr als die Lilien, welche nicht krempeln noch spinnen; und haben kein Kleid [...] Wer könnte eurem Lebensalter (Lebenszeit hin-) zufügen? Er selbst wird euch euer Kleid geben.«

39. Jesus sagte: Die Pharisäer und die Schriftgelehrten haben die Schlüssel zur Erkenntnis erhalten, und sie haben sie versteckt. Sie sind auch nicht eingetreten, und die, die eintreten wollten, haben sie nicht eintreten lassen. Aber ihr, seid klug wie die Schlangen und rein wie die Tauben.

40. Jesus sagte: Ein Weinstock ist gepflanzt worden außerhalb des Vaters; und da er nicht befestigt ist, wird er ausgerissen werden mit seiner Wurzel, und er wird verderben.

41. Jesus sagte: Wer in seiner Hand hat, dem wird gegeben werden; und dem, der nichts hat, wird man auch das wenige, das er hat, nehmen.

42. Jesus sagte: Werdet[16] Vorübergehende!

43. Seine Jünger sagten zu ihm: Wer bist du, der du uns das sagst? Jesus sagte zu ihnen: Von dem, was ich euch sage, wisst ihr nicht, wer ich bin? Doch ihr seid wie die Juden geworden; denn sie lieben den Baum und hassen seine Frucht, und sie lieben die Frucht und hassen den Baum.

44. Jesus sagte: Wer den Vater lästert, dem wird man verzeihen, und wer den Sohn lästert, dem wird man verzeihen; aber dem, der den Heiligen Geist lästert, dem wird man nicht verzeihen, weder auf der Erde noch im Himmel.

45. Jesus sagte: Man erntet nicht Trauben von Dornsträuchern, noch pflückt man Feigen von Weißdornsträuchern, sie geben keine Frucht. Denn ein guter Mensch bringt Gutes aus seinem Schatz hervor; ein böser Mensch bringt böse Dinge aus seinem Schatz hervor, der sein Herz ist, und er sagt böse Dinge, denn aus dem Überfluss des Herzens bringt er böse Dinge hervor.

---

[16] So Fieger, Blatz: »Seid«

46. Jesus sagte: Von Adam bis Johannes dem Täufer ist unter den Kindern der Frauen keiner höher als Johannes der Täufer, denn seine Augen [konnten klar sehen[17]]. Aber ich habe gesagt: Wer unter euch klein wird, wird das Königreich erkennen und wird höher sein als Johannes.

47. Jesus sagte: Es ist nicht möglich, dass ein Mensch zwei Pferde besteigt, noch dass er zwei Bögen spannt; und es ist nicht möglich, dass ein Diener zwei Herren dient, es sei denn, er ist ehrerbietig gegenüber dem einen, und den anderen verhöhnt er. Niemand trinkt alten Wein und wünscht sofort, neuen Wein zu trinken. Und man gießt nicht neuen Wein in alte Schläuche, damit sie nicht verderben, und man gießt nicht alten Wein in einen neuen Schlauch, damit er ihn nicht verdürbe. Man näht nicht einen alten Flecken auf ein neues Gewand, denn es würde ein Riss entstehen.

48. Jesus sagte: Wenn zwei Frieden schließen unter sich in diesem einen Haus, werden sie dem Berg sagen: Versetze dich – und er wird sich versetzen.

49. Jesus sagte: Selig die Einsamen und die Erwählten, denn ihr werdet das Königreich finden, denn ihr seid hervorgekommen aus ihm, und aufs Neue werdet ihr dahin zurückkehren.

50. Jesus sagte: Wenn sie zu euch sagen: Woher kommt ihr?, dann sagt zu ihnen: Wir kommen aus dem Licht, daher, wo das Licht aus sich selbst heraus geboren ist. Es hat sich aufgestellt, und es hat sich in ihrem Bild offenbart. Wenn sie zu euch sagen: Wer seid ihr?, dann sagt: Wir sind seine Söhne, und wir sind die Erwählten des lebendigen Vaters. Wenn sie euch fragen: Welches ist das Zeichen eures Vaters in euch?, sagt zu ihnen: Es ist Bewegung und Ruhe.

51. Seine Jünger sagten zu ihm: An welchem Tag wird die Ruhe der Toten eintreten, und an welchem Tag wird die neue Welt kommen? Er sagte zu ihnen: Die, die ihr erwartet, ist gekommen, aber ihr erkennt sie nicht.

---

[17] So ist m. E. der Sinn dieser Worte. Blatz: »waren nicht zerstört«. Andere Übersetzungen: »Vor niemandem braucht er die Augen zu senken.« oder »dem seine Augen nicht übergehen.« oder (wie auch Fieger): »denn seine Augen werden nicht brechen.« Eine einzig richtige Übersetzung kann es wohl nicht geben, aber seine Augen sind in jedem Fall ein Hinweis auf seinen höheren spirituellen Status. (Vgl. dazu: Zöckler, Seite 78 zum Begriff »klar sehen« in Logion 26)

52. Seine Jünger sagten zu ihm: Vierundzwanzig Propheten haben in Israel gesprochen, und sie alle haben von dir gesprochen. Er sagte zu ihnen: Ihr habt den vor euren Augen Lebendigen ausgelassen, und ihr habt von den Toten gesprochen.

53. Seine Jünger sagten zu ihm: Ist die Beschneidung nützlich oder nicht? Er sagte zu ihnen: Wenn sie nützlich wäre, würde ihr Vater sie schon beschnitten in ihrer Mutter zeugen. Aber die wahre Beschneidung im Geist hat vollen Nutzen gehabt.

54. Jesus sagte: Selig sind die Armen, denn euer ist das Himmelreich.

55. Jesus sagte: Wer seinen Vater und seine Mutter nicht hasst, kann nicht mein Jünger werden. Und wer nicht seine Brüder und seine Schwestern hasst und wer nicht sein Kreuz trägt wie ich, wird meiner nicht würdig sein.

56. Jesus sagte: Wer die Welt erkannt hat, hat einen Leichnam gefunden; und wer einen Leichnam gefunden hat, dessen ist die Welt nicht würdig.

57. Jesus sagte: Das Königreich des Vaters ist gleich einem Menschen, der eine gute Saat hatte. Sein Feind kam in der Nacht und säte Unkraut unter die gute Saat. Der Mensch erlaubte ihnen nicht, das Unkraut auszureißen. Er sagte zu ihnen: Damit ihr nicht geht, das Unkraut auszureißen, und den Weizen mit ihm ausreißt. Am Tag der Ernte wird das Unkraut sichtbar werden; man wird es ausreißen und verbrennen.

58. Jesus sagte: Selig der Mensch, der gelitten hat; er hat das Leben gefunden.

59. Jesus sagte: Schaut auf den Lebendigen, solange ihr lebt, damit ihr nicht sterbt und sucht, ihn zu sehen und werdet ihn nicht sehen können.

60. Sie sahen einen Samariter, der, ein Lamm tragend, nach Judäa ging. Er sagte zu seinen Jüngern: Was will dieser mit dem Lamm tun? Sie sagten zu ihm: Es töten und essen. Er sagte zu ihnen: Während es lebt, wird er es nicht essen, sondern nur, wenn er es tötet und wenn es ein Leichnam wird. Sie sagten zu ihm: Anders kann er es nicht tun. Er sagte zu ihnen: Auch ihr, sucht einen Ort zur Ruhe, damit ihr nicht ein Leichnam werden und gegessen werdet.

61. Jesus sagte: Zwei werden ruhen auf einem Bett, einer wird sterben, der andere wird leben. Salome sagte: Wer bist du, wessen Sohn? Du bist auf mein Bett gestiegen und hast an meinem Tisch gegessen. Jesus sagte zu ihr: Ich bin der, der aus dem hervorkommt, der gleich ist; Es sind mir Dinge meines Vaters gegeben. Salome sagte: Ich bin deine Jüngerin. Jesus sagte zu ihr: Darum sage ich: Wenn er gleich ist, ist er voller Licht; aber wenn er geteilt ist, wird er voller Dunkelheit sein.

62. Jesus sagte: Ich sage meine Geheimnisse denen, die ihrer[18] würdig sind. Was deine Rechte tut, deine Linke soll nicht wissen, was sie tut.

63. Jesus sagte: Es war einmal ein reicher Mann, der hatte viel Besitz. Er sagte: Ich werde mein Vermögen benutzen, um zu säen, zu ernten, zu pflanzen, meine Speicher mit Früchten zu füllen, auf dass mir nichts fehle. So waren seine Gedanken in seinem Herzen; und in dieser Nacht starb er. Wer Ohren hat, der höre.

64. Jesus sagte: Ein Mann hatte Gäste; und nachdem er das Mahl zubereitet hatte, schickte er seinen Diener, um die Gäste einzuladen. Er ging zum ersten und sagte zu ihm: Mein Herr lädt dich ein. Der sagte: Ich habe Geld bei Kaufleuten; sie werden heute abend zu mir kommen, ich werde gehen und ihnen Aufträge geben. Ich entschuldige mich für das Mahl. Er ging zu einem anderen und sagte zu ihm: Mein Herr hat dich eingeladen. Dieser sagte zu ihm: Ich habe ein Haus gekauft; und man braucht mich für einen Tag. Ich werde keine Zeit haben. Er ging zu einem anderen und sagte zu ihm: Mein Herr lädt dich ein. Dieser sagte zu ihm: Mein Freund wird sich verheiraten, und ich mache das Mahl. Ich kann nicht kommen. Ich entschuldige mich für das Mahl. Er ging zu einem anderen, er sagte zu ihm: Mein Herr lädt dich ein. Er sagte zu ihm: Ich habe einen Bauernhof gekauft; ich werde gehen, den Zins zu erhalten. Ich kann nicht kommen. Ich entschuldige mich. Der Diener kam zurück und sagte zu seinem Herrn: Die, die du eingeladen hast zum Mahl, lassen sich entschuldigen. Der Herr sagte zu seinem Diener: Geh hinaus auf die Wege, bring die mit, die du finden wirst, damit sie essen. Die Verkäufer und Händler werden nicht den Ort meines Vaters betreten.

65. Er sagte: Ein ehrbarer Mann hatte einen Weinberg; er gab ihn Winzern, damit sie in ihm arbeiteten und er die Früchte von ihnen be-

[18] Blatz: »denen, die würdig sind meiner Geheimnisse.«

käme. Er schickte seinen Diener, damit die Winzer ihm die Frucht des Weinbergs gäben. Diese ergriffen seinen Diener, schlugen ihn, und sie hätten ihn beinahe erschlagen. Der Diener ging davon und sagte es seinem Herrn. Der Herr sagte: Vielleicht haben sie ihn nicht erkannt. Er schickte einen anderen Diener; die Winzer schlugen auch diesen. Nun schickte der Herr seinen Sohn. Er sagte: Vielleicht werden sie Respekt haben vor meinem Sohn. Diese Winzer, als sie erfuhren, dass er der Erbe des Weinbergs wäre, packten ihn und töteten ihn. Wer Ohren hat, der höre.

66. Jesus sagte: Zeige mir den Stein, den die Bauleute verworfen haben: er ist der Eckstein.

67. Jesus sagte: Wer das All erkennt, sich selbst aber verfehlt, der verfehlt das All.

68. Jesus sagte: Selig seid ihr, dass man euch hassen wird und dass man euch verfolgen wird, und sie werden keinen Platz finden, wo man euch verfolgt hat.

69. Jesus sagte: Selig sind die, die man verfolgt hat in ihrem Herzen; es sind diese, die den Vater in Wahrheit erkannt haben. Selig sind die Hungrigen, denn man wird den Bauch dessen, der es wünscht, füllen.

70. Jesus sagte: Wenn ihr dies in euch erworben habt, wird euch das, was ihr habt, retten. Wenn ihr dies nicht in euch habt, wird das, was ihr nicht in euch habt, euch sterben lassen.

71. Jesus sagte: Ich werde dieses Haus zerstören, und niemand wird in der Lage sein, es wieder aufzubauen.

72. Ein Mann sagte zu ihm: Sage meinen Brüdern, dass sie die Güter meines Vaters mit mir teilen sollen. Er sagte zu ihm: O Mensch, wer hat mich zu einem Teiler gemacht? Er wandte sich seinen Jüngern zu. Er sagte ihnen: Bin ich denn ein Teiler?

73. Jesus sagte: Die Ernte ist zwar groß, aber der Arbeiter sind wenige. Bittet aber den Herrn, dass er Arbeiter für die Ernte schickt.

74. Er sagte: Herr, es sind viele um den Brunnen, aber keiner ist in dem Brunnen.

75. Jesus sagte: Es gibt viele, die an der Tür stehen, aber es sind die Einsamen, die in das Brautgemach eintreten werden.

76. Jesus sagte: Das Königreich des Vaters ist gleich einem Kaufmann, der eine Ware hatte und der eine Perle fand. Dieser Kaufmann war weise. Er verkaufte die Ware, er kaufte die Perle allein. Sucht auch ihr den Schatz, der nicht aufhört und dauert, dort, wo die Motte nicht hinkommt, um zu fressen, und wo auch kein Wurm zerstört.

77. Jesus sagte: Ich bin das Licht, das über allen ist. Ich bin das All; das All ist aus mir hervorgegangen, und das All ist zu mir gelangt. Spaltet das Holz, ich bin da. Hebt einen Stein auf, und ihr werdet mich dort finden.

78. Jesus sagte: Warum seid ihr ausgezogen auf das Feld? Um ein Schilfrohr im Winde schwankend zu sehen? Um einen Menschen zu sehen, der weiche Kleider an hat? Seht eure Könige und Vornehmen, diese haben weiche Kleider an, und sie können die Wahrheit nicht erkennen.

79. Eine Frau sagte aus der Menge zu ihm: Glücklich der Leib, der dich getragen hat, und die Brüste, die dich genährt haben. Er sagte zu ihr: Glücklich sind die, die das Wort des Vaters gehört haben und die es bewahrt haben in Wahrheit. Denn es werden Tage kommen, da ihr euch sagen werdet: Glücklich der Leib, der nicht empfangen hat, und die Brüste, die nicht Milch gegeben haben.

80. Jesus sagte: Wer die Welt erkannt hat, hat den Leib[19] gefunden; aber wer den Leib gefunden hat, dessen ist die Welt nicht würdig.

81. Jesus sagte: Wer reich geworden ist, soll herrschen, und wer die Macht besitzt, soll sie aufgeben.

82. Jesus sagte: Wer mir nahe ist, der ist dem Feuer nahe, und wer fern von mir ist, ist fern vom Königreich.

83. Jesus sagte: Die Bilder sind dem Menschen offenbart, und das Licht, das in ihnen ist, ist verborgen im Bild des Lichtes des Vaters. Es wird sich offenbaren, und sein Bild ist durch sein Licht verborgen.

[19] Hier wird geschickt damit gespielt, dass das Wort »Soma« für Leib ähnlich wie das Wort für Leichnam (»Ptoma«) klingt (vgl. auch Logion 56), zum anderen kann auch Soma bereits die Bedeutung Leichnam haben. Fieger, Seite 222.

84. Jesus sagte: Wenn ihr eure Ebenbilder seht, werdet ihr erfreut sein. Aber wenn ihr eure Ebenbilder seht, die vor euch existierten, die nicht sterben noch sich offenbaren, wieviel werdet ihr ertragen?

85. Jesus sagte: Adam ist aus einer großen Kraft hervorgekommen und aus einem großen Reichtum, und er war eurer nicht würdig; denn wenn er würdig gewesen wäre, hätte er den Tod nicht geschmeckt.

86. Jesus sagte: Die Füchse haben Höhlen und die Vögel haben ihr Nest, aber der Sohn des Menschen hat keinen Ort, wo er sein Haupt hinlegen und sich ausruhen kann.

87. Jesus sagte: Elend ist der Leib, der von einem Leib abhängig ist, und elend ist die Seele, die von diesen beiden abhängt.

88. Jesus sagte: Die Engel und die Propheten werden zu euch kommen, und sie werden euch geben, was euer ist. Und ihr selbst, was in euren Händen ist, gebt es ihnen und sagt euch selbst: An welchem Tag werden sie kommen, um zu empfangen, was das ihre ist?

89. Jesus sagte: Warum wascht ihr das Äußere der Trinkschale? Versteht ihr nicht, dass der, der das Innere gemacht hat, auch der ist, der das Äußere gemacht hat?

90. Jesus sagte: Kommt zu mir, denn mein Joch ist angenehm, und meine Herrschaft ist mild, und ihr werdet Ruhe für euch finden.

91. Sie sagten zu ihm: Sage uns, wer du bist, damit wir an dich glauben. Er sagte zu ihnen: Ihr erkundet das Gesicht des Himmels und der Erde, und den, der vor euch ist, habt ihr nicht erkannt, und diesen Augenblick wisst ihr nicht zu erkunden?

92. Jesus sagte: Sucht, und ihr werdet finden; aber was ihr mich in diesen Tagen gefragt habt und was ich euch nicht gesagt habe, jetzt gefällt es mir, es zu sagen, und ihr fragt nicht danach.

93. Jesus sagte: Gebt nicht, was heilig ist, den Hunden, damit sie es nicht auf den Misthaufen werfen. Werft keine Perlen vor die Schweine, damit sie sie nicht in den Schmutz treten.

94. Jesus sagte: Wer sucht, der wird finden, und dem, der anklopft an das Innere[20], dem wird geöffnet werden.

95. Jesus sagte: Wenn ihr Geld habt, verleiht es nicht mit Wucher, sondern gebt dem, von dem ihr es nicht wieder bekommen werdet.

96. Jesus sagte: Das Königreich des Vaters ist gleich einer Frau. Sie nahm ein wenig Sauerteig, verbarg ihn in dem Teig und machte davon große Brote. Wer Ohren hat, der höre.

97. Jesus sagte: Das Königreich des Vaters ist gleich einer Frau, die einen Krug voller Mehl trug. Sie ging auf einem weiten Weg. Der Henkel des Kruges brach, das Mehl verstreute sich hinter ihr auf den Weg. Sie wußte es nicht, sie hatte das Unheil nicht wahrgenommen. Als sie in ihr Haus kam, stellte sie den Krug auf den Boden und fand ihn leer.

98. Jesus sagte: Das Königreich des Vaters ist gleich einem Mann, der wollte einen Edlen töten. Er zog das Schwert in seinem Haus, er durchstach die Mauer, um herauszufinden, ob seine Hand stark genug wäre. Dann tötete er den Edlen.

99. Die Jünger sagten zu ihm: Deine Brüder und deine Mutter sind draußen. Er sagte zu ihnen: Diese hier, die den Willen meines Vaters tun, die sind meine Brüder und meine Mutter; sie sind es, die in das Königreich meines Vaters eingehen werden.

100. Sie zeigten Jesus ein Goldstück und sagten zu ihm: Die Leute des Kaisers verlangen von uns Steuern. Er sagte zu ihnen: Gebt dem Kaiser, was des Kaisers ist; gebt Gott, was Gottes ist. Und was mein ist, gebt es mir.

101. Jesus sagte: Wer nicht seinen Vater und seine Mutter hasst, wird nicht mein Jünger werden können. Und wer seinen Vater nicht liebt und seine Mutter wie ich, wird nicht mein Jünger werden. Denn meine Mutter [erzeugte meinen Körper[21]], aber meine wahre Mutter, sie gab mir das Leben.

---

[20] Fieger nur: »Und wer anklopft, dem wird geöffnet werden.«

[21] Grondins Einfügung in eine Stelle, deren Schrift im Koptischen verloren ist, die Blatz aber freigelassen hat. Eine andere mögliche Einfügung: [ist von der vergänglichen Welt].

102. Jesus sagte: Wehe den Pharisäern, denn sie gleichen einem Hund, der in dem Trog der Rinder liegt; denn er frisst nicht, noch lässt er die Rinder fressen.

103. Jesus sagte: Selig der Mensch, der weiß, in welchem Teil der Nacht die Diebe kommen werden, dass er aufstehe, seine [Knechte[22]] sammle und sich die Lenden gürte, bevor sie eintreten.

104. Sie sagten zu ihm: Komm, laß uns heute beten und fasten. Jesus sagte: Welches ist die Sünde, die ich begangen habe, oder in was bin ich besiegt worden? Aber wenn der Bräutigam aus der Brautkammer hinausgegangen sein wird, dann laßt sie fasten und beten.

105. Jesus sagte: Wer den Vater und die Mutter kennt, wird Sohn einer Hure genannt werden.

106. Jesus sagte: Wenn ihr aus zwei eins macht, werdet ihr Söhne des Menschen werden; und wenn ihr sagt: Berg, gehe weg, wird er sich weg bewegen.

107. Jesus sagte: Das Königreich ist gleich einem Hirten, der hundert Schafe hatte; eines das das größte war, verirrte sich; er ließ die neunundneunzig und suchte das eine, bis er es gefunden hatte. Danach, als er soviel Mühe gehabt hatte, sagte er zu dem Schaf: ich liebe dich mehr als die neunundneunzig.

108. Jesus sagte: Wer von meinem Mund trinkt, wird werden wie ich, und ich werde wie er, und die verborgenen Dinge werden sich ihm offenbaren.

109. Jesus sagte: Das Königreich ist gleich einem Mann, der in seinem Acker einen versteckten Schatz hatte, von dem er nichts wusste. Und nachdem er verstorben war, vererbte er ihn seinem Sohn. Der Sohn wusste davon nichts; er nahm dieses Feld und verkaufte es. Und der, der es gekauft hatte, kam; er pflügte und er fand den Schatz; er begann, Geld gegen Zinsen zu verleihen an die, die er wollte.

110. Jesus sagte: Wer die Welt gefunden hat und reich geworden ist, der soll auf die Welt verzichten.

---

[22] Grondins Einfügung: [Kingdom], Blatz läßt die Stelle der Einfügung frei.

111. Jesus sagte: Die Himmel werden sich aufrollen, ebenso die Erde in eurer Gegenwart, und der Lebendige, hervorgegangen aus dem Lebendigen, wird den Tod[23] nicht sehen. – Weil Jesus sagt: Wer sich selbst findet, dessen ist die Welt nicht würdig.

112. Jesus sagte: Wehe dem Fleisch, das von der Seele abhängig ist; wehe der Seele, die vom Fleisch abhängig ist.

113. Seine Jünger sagten zu ihm: Das Königreich, an welchem Tage wird es kommen? Jesus sagte: Es wird nicht kommen, indem man darauf wartet; man wird nicht sagen: Seht, hier ist es, oder: Seht, dort ist es; sondern das Königreich des Vaters ist ausgebreitet über die Erde, und die Menschen sehen es nicht.

114. Simon Petrus sagte zu ihnen: Mariham[24] soll aus unserer Mitte fortgehen, denn die Frauen sind des Lebens nicht würdig. Jesus sagte: Seht, ich werde sie ziehen, um sie männlich zu machen, damit auch sie ein lebendiger Geist wird, vergleichbar mit euch Männern. Denn jede Frau, die sich männlich macht, wird in das Himmelreich gelangen.

Das Evangelium nach Thomas[25]

---

[23] Warum Blatz übersetzt »nicht Tod noch Furcht«, ist unklar, da im Koptischen nur ein Wort für Tod, aber kein zweites, etwa für Furcht, ist.

[24] das ist Maria.

[25] Im koptischen Original steht der Titel (wie gewöhnlich) nicht über, sondern unter dem Text. Vielhauer nennt dies eine »Subscriptio« (Seite 619).

Teil II: Was bedeutet das EvThom?

1. Das Interesse am EvThom

Dass [das Thomasevangelium] solch ketzerischen Leuten wie den Naassenern ein Quell der Freude gewesen sein soll, verleiht ihm nur zusätzlich noch die Attraktivität einer verbotenen Frucht, einer illegalen Ware. Solch ein [verschollenes] Buch wieder zu erlangen, wäre der Gipfel der Phantasien!

Stephen J. Patterson[26]

In den ersten Jahrhunderten n.Chr. entstand rasch eine Vielzahl von christlichen Schriften, die der Menschheit die erlösende Botschaft des Jesus von Nazareth offenbaren wollten. Lange gab es keinen festen Kanon eines Alten oder Neuen Testamentes; und es existierten Evangelien des Markus, Thomas, Lukas oder Petrus - regional unterschiedlich verbreitet - ohne, dass ein repräsentatives Zentrum aller Christen sie in rechtgläubige (orthodoxe) und quasi falsch-gläubige (häretische) Schriften unterteilte.

Das Evangelium nach Thomas (EvThom) war im frühen Christentum genauso stark vertreten wie die Evangelien des heutigen Neuen Testaments. Bis ins 5. oder 6. Jahrhundert blieb es eine feste Größe in der christlichen Welt[27]. Doch einer der christlichen Traditionen gelang es, die zentrale Autorität des Christentums zu werden und die restlichen Strömungen langsam zu verdrängen: das konstantinische Christentum mit seinem kirchlichen Zentrum in Rom. Fortan wurden »häretische« Schriften wie das EvThom immer seltener kopiert und überliefert[28] und gerieten in Vergessenheit. Es entstand sogar die Legende, dass die Schriften des NT die einzig ursprüngliche Überlieferung von Jesus Christus wären - alle anderen Schriften wären nachträgliche Verfälschungen der reinen Lehre.

Irgendwann wussten die Christen vom EvThom vornehmlich nur noch aus solchen »rechtgläubigen« Schriften, in denen es neben anderen häretischen

---

[26] Patterson, Seiten 1-2, nach meiner Übersetzung.

[27] Zöckler, Seiten 26 - 27.

[28] Und da auch der römische Staat vor der »konstantinischen Wende« 313 n.Chr. überhaupt alle christlichen Schriften zu vernichten suchte, vor allem unter Diokletian (regierte 284 - 305), haben wir heute so wenig Schriftfunde aus dem frühen Christentum (Leipoldt, Seite 1). Unter Kaiser Konstantin (regierte 306 - 337) wurde der römische Staat zwar zum Förderer des Christentums, allerdings profitierte davon nur die römische »orthodoxe« Kirche. Diese konstantinische Wende wird am Toleranzedikt von 313 festgemacht.

Schriften aufgezählt und verurteilt wurde[29]. Doch die Schrift selbst, der Text, schien unwiderruflich verloren.
So verstrichen die Jahrhunderte. Die christlichen Wissenschaftler untersuchten die Schriften des Neuen Testamentes (NT) mit immer kritischeren Methoden und kamen im 19. Jahrhundert zum Schluß, dass es frühere Entwicklungsstufen der urchristlichen Literatur gegeben haben muss, die von den Autoren und Redaktoren des NT als Quellen verwendet wurden. Diese Erkenntnisse stehen in einem gewissen Widerspruch zu jener Legende, die ursprüngliche Lehre Jesu sei allein im NT vertreten. Diese urchristlichen Quellen des NT sind uns bis heute nirgendwo überliefert und bis heute arbeiten Forscher eifrig an immer besseren Rekonstruktionen dieser Quellen.
Die vielleicht wichtigste Erkenntnis dieser Forschung war die »Zwei-Quellen-Theorie«[30]: Wenn man Markus, Matthäus und Lukas vergleicht, so geben Matthäus und Lukas beide Stoff aus Markus wieder. Daraus kann man schließen, dass Mk eine gemeinsame Quelle von Mt und Lk war, dass Mk also zuerst vorhanden war. Doch Mt und Lk müssen mindestens noch eine weitere gemeinsame Quelle benutzt haben: Viele Sprüche Jesu (Logien) haben die beiden so ähnlich überliefert, dass sie diese wohl von einer zweiten gemeinsamen Quelle abgeschrieben haben. Diese Quelle ist uns unbekannt, aber wir nennen sie die Logienquelle »Q«.
Die Quelle Q besteht vornehmlich aus Sprüchen Jesu, jede Erzählung über sein Leben, Sterben oder Auferstehen fehlt ihr. Dies ist ein erster Hinweis darauf, dass diese Geschichten erst spät in die christliche Überlieferung ge-

[29] Das EvThom wird in den Lukas-Homilien des Origines (in Luc. hom. 1) erwähnt und in der Kirchengeschichte des Eusebius (KG III, 25, 6), aber die interessanteste Notiz findet sich in der Refutatio des Hippolyt (ref. V. 7. 20), wo das EvThom als Schrift der häretischen Naassener beschrieben wird. (vgl. mein Eingangszitat von Patterson). Nach: Vielhauer, Seite 621. Ebenso: Fieger, Seite 2.
[30] Diese Theorie wurde von J. Weiß bereits 1803 angeregt und von da ab stetig weiterentwickelt (nach: Schröter, Seite 84). Die drei Forscher C. Lachmann, C. G. Wilke und C. H. Weiße bewiesen 1835 und 1838 unabhängig voneinander, dass Mk eine Quelle von Mt und Lk ist. Neben anderen entwickelte dann H. J. Holzmann am einleuchtendsten die »Zweiquellentheorie«. Nach: Bornkamm, Spalte 754.

langten. Heute gibt es Rekonstruktionen[31] des genauen Wortlauts der Quelle Q, aber es sind nur Rekonstruktionen.

Als um ca. 1900 bei Ausgrabungen nahe der ägyptischen Stadt Oxyrhynchus Papayrusfragmente christlichen Inhalts[32] gefunden wurden, wurden auch sie gleich daraufhin untersucht, wie ursprünglich ihre wenigen Textzeilen im Verhältnis zum NT wären[33]. Den ägyptischen Papyri wurde bescheinigt, dass sie die christliche Überlieferung ursprünglicher als das NT bewahrt haben. Damals wusste noch niemand, zu welcher Schrift diese Papyrusfragmente eigentlich gehören - zur Quelle Q gehören sie wohl kaum, aber sie mussten von einem ähnlichen verschollenen ursprünglichen Evangelium stammen.

Die christliche Wissenschaft verglich die wenigen Zeugnisse des Urchristentums immer kritischer. 1934 zeigte Walter Bauer in seinem genialen Buch »Rechtgläubigkeit und Ketzerei im ältesten Christentum«, dass jene Strömungen, die wir heute häretisch nennen, in aller Regel die ursprüngliche christliche Religion bildeten und vom später entstehenden konstantinischen Christentum erst verdrängt wurden[34]. Auch waren ganz am Anfang die Christen gar nicht so erbittert zerstritten; Orthodoxie und Häresie waren

[31] Die vermutlichen Q-Texte werden nach Lukas numeriert und umfassen: Gerichtspredigt des Täufers: 3,7-9.16b.17. Taufe und Versuchung Jesu: 3,21f; 4,1-13. Jesu erste Rede: 6,20b-23.27-38.41-49. Der Glaube eines Heiden: 7,1-10. Täufer und Jesus: 7,18-28; (16,16?); 7,31-35. Missionsinstruktion: 9,57-60; 10,2-16.21-24. Gebetsunterweisung: 11,2-4.9-13. Jesu Dämonenaustreibungen: 11,14-26. Gegen dieses Geschlecht: 11,29-35.39-44.46.52.47-51. Jüngermahnungen: 12,2-12.22-34.39-46.51-59. Gericht über Israel: 13,18-29.34f; 14,16-24. Nachfolgeforderungen: 14,26f; 17,33; 14,34f; 15,4-7; 16,13. (16?).17f; 17,1-6. Eschatologischer Ausblick: 17,23-37; 19,12-26; 22,28.30. Nach: Paul Hoffmann, im Internet: www.uni-bamberg.de/ktheo/nt/forschung/lthk3.htm. Eine Rekonstruktion ist zuletzt auch von Jörg Scholz veröffentlicht worden (Scholz, Seiten 15-31) und wurde von James Robinson (»The Critical Edition«) angekündigt.

[32] Uns interessieren hier diese drei Papyri: Der Papyrus Oxyrhynchus 1 (POxy 1), POxy 654 und POxy 655. Diese drei Papyri wurden von P. Grenfell und A. S. Hunt 1898 (POxy 1) bzw. 1904 (die anderen beiden) veröffentlicht. Sie sind Fragmente dreier verschiedener Handschriften. POxy 1 wird auf 200 n.Chr. datiert, POxy 654 auf 250-300 n.Chr., POxy 655 auf etwa 250 n.Chr. Nach: Fieger, Seite 2.

[33] Als erstes wies E. Wendling 1908 nach, dass im POxy1 ein Spruch ursprünglicher wiedergegeben ist als im Markusevanglium (»Die Entstehung des Markus-Evangeliums«, Seiten 53-56). Nach: Köster, Seiten 121 und 123.

[34] Sehr überzeugend hat Bauer dies auch für Edessa gezeigt, die Stadt, wo das EvThom weitere Traditionen begründete. Dort bildeten Markioniten, Bardesaner und andere Strömungen das Christentum schlechthin, bevor die Palutianer kamen (die sich später die wahren »orthodoxen« Christen nennen konnten) und - obwohl zuerst eine schwache Minderheit - sich schließlich mit Gewalt durchsetzen konnten. Seiten 26-30.

sich zunächst recht ähnlich, mitunter freundschaftlich zugetan, und verfeindeten sich erst mit der Zeit[35].

1945 fand man das EvThom in Nag Hammadi: Zwei Ägypter entdeckten bei der Suche nach Düngemittel eher zufällig ein großes Tongefäß, in dem 13 in Leder gebundene Papyrusbücher verborgen waren[36]. Sie sind in koptischer Schrift[37] im 4. Jahrhundert[38] entstanden, zählen zu den ältesten gebundenen Büchern der Menschheit; und sie umfassen eine üppige Sammlung christlicher Schriften. Die meisten davon stammen aus gnostischen Häresien - bis dahin verschollene Werke. Auch das EvThom war unter den dortigen 53 Schriften. Der gesamte Fund ist spektakulär, doch das EvThom, das im zweiten »Nag Hammadi Codex« die zweite Schrift ist (NHC II, 2)[39], hat mehr Aufmerksamkeit erregt als alle anderen Schriften von Nag Hammadi zusammen. Warum?

Zum ersten wenden sich - noch heute - viele Menschen der Nag Hammadi Bibliothek zu, weil sie dort jene erklärte Ketzerei suchen, in der sie eine religiöse Alternative zu der ihnen unsympathischen Großkirche suchen[40]. Der Nimbus einer vom Vatikan unterdrückten Wahrheit nährt dieses Interesse.

Zum anderen ist auch die Fachwelt von diesem Fund begeistert: Das EvThom sieht nämlich genau so aus, wie man sich die Quelle Q immer vorstellte! Es ist zwar nicht identisch mit Q - aber: Das EvThom hat, genau wie Q, keine Rahmengeschichte über Leben, Kreuzigung oder Auferstehung Jesu. Es ist lediglich eine Sammlung von Sprüchen Jesu, ohne Zusammen-

---

[35] Bauer, Seiten 61ff.

[36] Zöckler (Seite 1) und Patterson (Seite 2) schildern die Umstände des Fundes kurz, aber - so Zöckler - die ausführlichste Schilderung dieser Geschichte liefert James Robinson in: »The Nag Hammadi Library«, Seiten 22-26.

[37] Koptisch war die damalige Sprache der Ägypter. Da die griechische Sprache als »Weltsprache« überragende Bedeutung hatte, benutzten die Kopten das griechische Alphabet und ergänzten es nur um ein paar demotische Buchstaben. Auch tauchen in der koptischen Sprache viele griechischen Wörter auf. Koptisch war also ein zeitgemäßes »Gemisch« aus Ägyptisch und Griechisch, ähnlich unserem modernen Computer-Deutsch-Englisch.

[38] Zöckler, Seite 25: Das koptische EvThom aus Nag Hammadi wurde frühestens am Anfang des 4. Jh. abgeschrieben (was natürlich wenig über seinen tatsächlichen Ursprung aussagt).

[39] Darum wird es meistens als NHC II, 2 gezählt. Seltener wird es als CG II 2 aufgeführt, dann steht CG für: Cairensis gnosticus. (Robinson, Seite 72). NHC II, der am reichsten verzierten Codex aus Nag Hammadi, umfasst an erster Stelle das »Apokryphon des Johannes«, an zweiter Stelle das EvThom, dann das Philippusevangelium, die »Hypostase der Archonten« und als NHC II, 5 eine titellose Schrift über den Ursprung der Welt. (Facsimile Edition, Seiten IX bis XI.) Es folgen NHC II, 6 »von der Seele« und an siebter Stelle das »Buch des Thomas«.

[40] Dieses Interesse wollen heute noch esoterische Bücher wie »Das Evanglium nach Thomas« von Christoph Greiner (zweite Auflage 2000) befriedigen.

hang aneinander gereiht. Auch fehlen im EvThom und in Q jegliche christologische Titel, die Jesus als Sohn Gottes, als Christus oder Messias ausweisen! Man muss das EvThom als eine Parallelerscheinung zu Q ansehen, und es bestätigt auf diese Weise die Zwei-Quellen-Theorie. Diese Bestätigung ist unser erster interessanter Punkt. Zweitens können wir Ketzerei nun erstmals selber untersuchen, und müssen nicht mehr versuchen, in den polemischen Äußerungen der orthodoxen Häresiologen[41] nach dem objektiven Kern zu forschen. Drittens erlaubt uns das EvThom allem Anschein nach einen erfrischenden ursprünglichen Blick auf das Urchristentum - und vielleicht sogar auf den historischen Jesus[42].

So müssen selbst jene, die das EvThom nicht für eine so frühe Schrift wie Q halten, zugeben, dass es neben allen kanonischen oder apokryphen Schriften einen einzigartigen Typus darstellt[43]. Andere Forscher, die das EvThom mindestens ebenso früh wie Q datieren, sprechen davon, dass es Tragweite für die gesamte Forschung des ältesten Christentums hat[44].

In der Tat wurde und wird heftig darüber gestritten, wie früh EvThom zu datieren ist, und damit, wie verlässlich es über die ursprüngliche christliche Lehre Auskunft gibt[45]. Die meisten Sprüche[46] haben Parallelen im NT und unterscheiden sich nur wenig von ihnen. Trotzdem macht das EvThom im ganzen einen völlig anderen Eindruck. Entweder das EvThom ist noch vor den NT-Evangelien entstanden und hatte Zugriff auf die selben Quellen, die auch das NT nutzte (also etwa 50-70 n. Chr.) oder es ist eine geschickte gnostische[47] Verarbeitung des NT (und ist bis spätestens 140 n. Chr. entstanden).

Für die Variante, das EvThom sei eine gnostische Verarbeitung von Sprüchen aus dem NT spricht zunächst einiges: Das EvThom ist immerhin in einer gnostischen Bibliothek gefunden worden! Zudem lässt es sich problemlos gnostisch interpretieren. Und so haben die ersten Arbeiten über das EvThom es auch eindeutig in das 2. Jh. datiert und als gnostisch eingestuft[48].

---

[41] Das sind quasi orthodoxe Experten zur Bekämpfung der Häresien, vor allem Irenaeus von Lyon, Hippolyt, Klemens von Alexandrien und Epiphanios von Salamis. (Torini/Scholten, Spalte 804, 2.

[42] Diese drei wichtigsten Punkte des wissenschaftlichen Interesses führt ähnlich Valantasis an (Seiten 2-3).

[43] So Fieger, Seite 3.

[44] So Köster, Seite 112.

[45] Schröter, Seite 125.

[46] Immerhin 68 von 114 Logien! Cameron, Seite 536.

[47] Bei Häresien handelt es sich meistens um Varianten der »Gnosis«. Gnostiker haben Jesu Botschaft oft so interpretiert, als würde diese Welt einem bösen Gott untertan sein, der Vater Jesu wäre aber ein weit entfernter guter Gott.

Doch allmählich mehrten sich die Erkenntnisse, dass das EvThom ursprünglicher als die Texte des NT sein dürfte. Zunächst wurde jetzt, nach dem koptischen Fund, deutlich, dass die griechischen Papyri aus Oxyrhynchus, denen man zuerkannte, dass sie weniger redaktionelle Eingriffe als die ihnen entsprechenden Markus-Texte aufwiesen und deshalb ursprünglicher sein müssten, Fragmente des EvThom waren[49]! Und auch weitere Arbeiten, die NT-Texte von redaktionellen Einflüssen »säuberten«, um eine ursprüngliche Version zu rekonstruieren, zeigten später - als das EvThom veröffentlicht wurde - dass eben diese ursprünglichen Versionen im EvThom zu lesen sind[50]! Rasch kam Kritik[51] an den Verfahren auf, wie das EvThom als gnostisch eingestuft wurde: Streng genommen konnte man selbst die Briefe des Paulus oder das Evangelium des Johannes gnostisch interpretieren. Dass man etwas gnostisch interpretieren kann, heißt nicht, dass es von Gnostikern verfasst wurde. Und die meisten Merkmale der Gnosis des 2. Jh. fehlen im EvThom völlig - das geben selbst diejenigen zu, die das EvThom für gnostisch halten[52]. Diese Frage verdient eine eingehende Klärung, um die ich mich im nächsten Kapitel bemühen werde.
Ich greife also einmal vor und weise darauf hin, dass seit längerem die Zustimmung dafür wächst, das EvThom früher als die »synoptischen« Evangelien (Mk, Mt und Lk) zu datieren[53]. Hierbei hat vor allem die amerikanische Forschung dafür gestritten, das EvThom als frühere und vom NT unabhängige Quelle zu betrachten[54]. Ich will auch keinen Hehl daraus machen, dass auch meine Position dem nahesteht[55].

---

[48] Einen sehr guten Überblick darüber gibt Davies in Kapitel 1, vgl. auch Zöckler, Seite 102.

[49] POxy 654 = Prolog und Logien 1-6. POxy 1 = Logien 26-33. POxy 655 = Logien 36-39.

[50] C. H. Dodd (»Parables of the Kingdom«, Welwyn 1958, Seite 129) und J. Jeremias (»Gleichnisse Jesu« Göttingen 1962, Seiten 45-49) rekonstruierten, wie eine ursprüngliche Version von Mk 12,1.9 bzw. Mt 21,33-41 / Lk. 20, 9-16 ausgesehen haben muss. Ihre Rekonstruktion entspricht dem später gefundenen EvThom, Logion 65. Nach: Quispel, ab Seite 269.

[51] Bemerkenswert ist der sehr frühe Einspruch von J. Doresse, das EvThom stamme eher aus einem Christentum von »noch unpräziser Orthodoxie« (nach Cullmann, Seite 327).

[52] Diese Argumente sind von Davies (Kapitel 2) ausführlich erhärtet worden.

[53] Vgl. Patterson, Seite 10.

[54] Dies ist ausschlaggebend durch das Buch »Entwicklungslinien durch die Welt des frühen Christentums« von Köster und Robinson entstanden. Dieser »continental drift«, dass in Amerika dem EvThom häufiger Priorität gegenüber dem NT zuerkannt wird, ist zwar nicht 100-prozentig (so Schröter, Seite 39), aber auch nicht zu leugnen.

[55] Zum einen bin ich auch nur ein kleiner Zwerg, der auf den Schultern der amerikanischen Riesen Köster/Robinson/Davies/Patterson/Crossan steht (diese Position kritisch beschrieben bei Schröter, Seiten 35-36) - wobei ich auf deutscher Seite den Beitrag von Thomas Zöckler überaus erhellend finde. Zum anderen muss ich mir

2. Ist das EvThom gnostisch?

Der Maßstab »apostolisch« lässt sich nicht gebrauchen, wenn christliche Gruppen, die später als häretisch verdammt wurden, für sich einen echt apostolischen Ursprung in Anspruch nehmen können.

Helmut Köster[56]

Das EvThom wurde von vielen Forschern in die Zeit um 140 n. Chr. datiert, weil es gnostisch sei[57]. Doch je deutlicher diese Forscher benannt haben, was sie sich unter einer typisch gnostischen Schrift vorstellen, desto mehr mussten sie zugeben, dass von den typischen gnostischen Ideen kaum eine im EvThom nachweisbar ist[58]. Diese Forscher waren keinesfalls dumm, der Begriff »gnostisch« ist nur leider sehr unscharf. Das hat zwei Hauptgründe:

Erstens: Wenn man als »Gnosis« diejenigen christlichen Strömungen der ersten Jahrhunderte bezeichnet, die nicht der orthodoxen Lehre entsprechen, landen unglaublich viele verschiedene Lehren in einem Topf. Wer nach ihren Gemeinsamkeiten fragt, muss sich mit wenigen undeutlichen Kategorien begnügen.

Zweitens: »Gnosis« ist eben ein Sammelbegriff – und er wurde auch verwendet, um häretische Schriften so zu benennen. Er soll sie abwerten, als falsch kennzeichnen[59]. Wenn man den Begriff so benutzt, dann ist es völlig richtig, dass das EvThom gnostisch ist: Es widerspricht der orthodoxen Lehre.

Was ist überhaupt Gnosis? Gnosis (griechisch γνωσις = Erkenntnis) bezeichnete für die spätantiken Religionen eine erlösende Erkenntnis. Es geht hier um ein göttliches Geheimnis, das sich überall hinter der Welt verbirgt. Wer es erkennt, tritt damit in eine völlig neue Beziehung zu Gott, in der er – die vordergründige Welt hinter sich lassend – sich selbst verwandelt und hoch zu Gott aufsteigt.

Diese Idee einer erlösenden Erkenntnis gab es immer wieder in den verschiedensten Religionen[60]. Zur Zeit Jesu z.B. war im Judentum die »weisheitliche« Strömung beliebt, die den Menschen empfiehlt, sich von der

---

Rechenschaft darüber ablegen, dass ich nicht alle Argumente dieser Großen übernehme, nur um mich mit ihnen zu identifizieren.

[56] Köster, Seite 108.

[57] Davies, Kapitel 2.

[58] Davies faßt diese Probleme so in den Kapiteln 1-2 zusammen.

[59] Davies: »Gnostic [...] is often simply a word, devoid of specific content, carrying pejorative connotation; it is a polemic term.« (Kapitel 2)

[60] So z. B. im indischen Vedanta, in der griechischen Orphik, dem islamischen Suffismus und der jüdischen Kabbala. Torini/Scholten, Seite 802.

Weisheit Gottes zur Erkenntnis führen zu lassen und dadurch das »ewige Leben« zu erlangen[61]. Dies könnte man - im weitesten Sinne - eine Frühform jüdischer Gnosis nennen[62].
Auch das Christentum hat mit dem EvThom einen Zeugen dafür, dass es in seinen Anfängen solche gnostischen Ideen überlieferte. Doch das Christentum war schon früh vielfältig: Paulus entwickelte eine »Kreuzestheologie«, nach der das Heil der Menschen durch Jesu Kreuzigung bereits erwirkt worden war - und zwar allein durch diese Kreuzigung[63]! Wenn aber die Menschen durch die Kreuzigung bereits erlöst sind, dann leugnet Paulus die Notwendigkeit, noch nach der gnostischen Erkenntnis zu suchen. Paulus ist bereits damals auf entschiedenen Widerstand gestoßen[64]. Seine Theologie ist das konträre Gegenbild zur natürlichen Erlösungsreligion, die sich die Notwendigkeit der Erkenntnis durch Jesu Tod nicht abnehmen lassen wollte[65].
In den Kreisen des Judentums, die sich dem Hellenismus besonders geöffnet hatten, bildete sich etwas wie eine »philosophische Gnosis« heraus. Sie nahmen viele Ideen aus Alexandrien auf, wo die platonische Philosophie gerade erneuert wurde. Etwa ab 100 n. Chr. vereinigten sich diese Ideen mit den gnostischen christlichen Strömungen[66]. Daher stammt z. B. der Be-

---

[61] Vgl. Weisheit Salomos 8, 5.13: »Wenn aber Reichtum ein begehrenswerter Besitz im Leben ist - was gibt es reicheres als die Weisheit, die alles schafft? Unsterblichkeit würde ich ihretwegen erlangen und ein ewiges Andenken bei der Nachwelt hinterlassen.« (Interessant: das ewige Leben besteht hier darin, dass man dem Menschen ewig gedenkt.) Vgl. auch Berger, Seite 527, Punkt 3.4. und Colpe/Haenchen/Kretschmar, Spalte 1657, b)

[62] Man könnte sie auch gnostisierende Tendenzen der jüdischen Weisheit nennen oder - mit Berger, Seite 526 - eine »vorbereitende Traditionslinie«.

[63] 1. Kor. 15,3: Denn ich habe euch in erster Linie überliefert, was ich auch empfangen habe, dass Christus für unsere Sünden gestorben ist [...]. Röm 3, 23-25: Alle haben ja gesündigt und ermangeln der Ehre vor Gott und werden gerechtgesprochen ohne Verdienst durch seine Gnade mittels der Erlösung, die in Christus Jesus ist. Vgl.: Sanders, Seiten 33 und 103.

[64] Paulus setzt sich in seinem 1. Korintherbrief leidenschaftlich mit diesen Gegnern auseinander (1. Kor. 4, 6-8). Vgl. dazu auch Davies, Kapitel 8. Davies glaubt, die Gegner des Paulus waren solche Christen, die sich auf Ideen beriefen, die dem EvThom nahestehen.

[65] Berger, Seite 521: »Setzt das neue Testament Gnosis voraus oder steht es in Auseinandersetzung mit ihr, so ist damit die Folie gegeben, von der sich frühchristliche »Kreuzestheologie« wirksam abheben läßt. Das gilt vor allem für Paulus in 1 Kor und Gal. Denn Gnosis ist der Prototyp einer »natürlichen« Erlösungsreligion, da das Göttliche bereits seit Anfang in den zu Erlösenden ist. So ist Gnosis das gefundene Gegenbild zur Konzeption der »paulinischen« Rechtfertigungslehre schlechthin.«

[66] Vgl. Colpe/Haenchen/Kretschmar, Spalte 1659, b) »Seit dem 2. Jh., vielleicht auch schon früher, hat diese philosophische Gnosis begonnen, Begriffe und Denkformen der

griff des Nous (griechisch νους), der jenen sensiblen Teil der Seele bezeichnet, der überhaupt für die himmlische Offenbarung empfänglich ist[67].
Während sich die christliche Gnosis so um hellenistische Ideen bereichert, entfernt sie sich immer weiter vom orthodoxen Christentum - und auch die Orthodoxen verschaffen sich immer mehr Profil, indem sie sich von der Gnosis abgrenzen. Anfangs kann man bei Paulus noch gnostische Gedanken lesen, die er für seine Zwecke nutzen wollte[68]. Und anfangs haben sich Gnostiker auch nicht als fremde Gruppe, sondern lediglich tiefer eingeweihte[69] Christen empfunden. Zunächst versuchten Orthodoxe sogar, den schmeichelnden Titel der »Gnostiker« für sich selbst zu beanspruchen[70]. Doch dies gelang ihnen nicht, und im Laufe des 2. Jahrhunderts entwickelte sich Feindschaft zwischen diesen beiden Lagern.
Wir dürfen nicht vergessen, dass es sich eigentlich um mehr als zwei Lager handelt. »Gnostiker« formierten sich zum einen in Nachahmung der hellenistischen Mysterienkulte (wie z.B. um Basilides von Alexandrien) und zum anderen in Philosophenschulen (wie z.B. um Valentinus[71] in Rom)[72], aber später sind es unübersichtlich viele verschiedene Gruppen gewesen. Hinzu kamen Gruppen wie die Marcioniten, die man als eigene Großkirche bezeichnen muss und die oft die repräsentative Mehrheit der Christen bildeten, und andere Gruppen wie die Mandäer oder Manichäer, die kaum mehr christlich zu nennen sind[73]. Diese Gruppen vereinte kaum etwas, au-

christlichen Gnosis zu prägen.«

67 Colpe/Haenchen/Kretschmar, Spalte 1659 a)

68 Colpe/Haenchen/Kretschmar, Spalte 1652 II 1.: »Seine Lehre vom Fall der Schöpfung (Röm 8, 19-22) und Adams (Röm 5, 12-17), vom Gegensatz der Psychiker und Pneumatiker (1Kor 2, 14f; 15, 21.44-49), von Phos und Skotos [d. h. Licht und Finsternis] (Röm 13, 11-13 und 1Thess 5, 4-6) und den dämonischen Beherrschern dieses Äons (1Kor 2, 6-8; 2Kor 4,4) und der Gefahr der Ehe (1Kor7, 32-34.38) zeigen der Gnosis verwandte Züge.«

69 Torini/Scholten, Spalte 804.

70 Dies haben Klemens v. Alexandrien und Origines versucht. Torini/Scholten, Spalte 804.

71 Nur um die Komplexität der gnostischen Traditionen aufzuzeigen: Die valentinianische Schule teilte sich auf in einen westlichen Zweig (Ptolemaios und Herakleon) und einen östlichen Zweig (Theodotos und Markos). Vgl. Torini/Scholten, Spalte 805, 4. Die frühen Häresiologen teilten die Ketzer in etwa 18 Schulen auf, die sie allerdings damals bereits falsch zuordneten (Wolfgang Schultz: »Dokumente der Gnosis«, Seite 129). Ich habe noch keine Literatur gelesen, bei der ich glaubte, einen Überblick über die gnostische Vielfalt zu erlangen.

72 Georg Denzler / Carl Andresen: »Wörterbuch Kirchengeschichte«, 5. Auflage, 1997: Artikel »Gnosis/Gnostizismus«

73 Die Mandäer beriefen sich auf Johannes, den Täufer. Mani, der Führer der Manichäer, erhielt seine Offenbarungen vom Engel des Lichtparadieses persönlich. Trotzdem werden diese Gruppen als gnostisch bezeichnet. Colpe/Haenchen/Kretschmar, Spalte 1660, 4.

ßer, dass sie eben nicht orthodox waren und einige Gedanken teilten, die von den Orthodoxen abgelehnt wurden.
Inzwischen radikalisierten sich auch die Gnostiker. Die gesamte materielle Welt war für sie zum Feind der göttlichen Erkenntnis geworden. Ansätze dazu fanden sich auch früher schon im Judentum, Hellenismus und Christentum. Doch nun hatten die Gnostiker ihre Konsequenzen so weit gezogen, das sie – da diese Welt ja von einem Gott geschaffen wurde – jenen Schöpfergott zum bösen Gegenspieler des guten Gottes erklärten. Diesem Dualismus eines guten, aber weit entfernten Gottes und einer materiellen Welt voller verderblicher »Kräfte«[74], entsprach auch ihr Gegensatz einer unheilbringenden Schöpfung und einer heilsbringenden Erkenntnis. Im Lauf der Schöpfung wurde der Nous in die Materie gezwängt, das göttliche Seelenfünklein wurde zum Gefangenen im menschlichen Leib[75]. Die Orthodoxen formulierten ihre Glaubens-grundsätze genau konträr dazu, nämlich dass der Vater Jesu Christi ausdrücklich der »Schöpfer des Himmels und der Erde« sei[76]. Ende des 2. Jh. trennten sich die Wege der Orthodoxen und Gnostiker endgültig[77].
Die komplizierten gnostischen Systeme des 2. und 3. Jh. sind mit dem Begriff Gnosis nicht wirklich gut getroffen. Es setzt sich allmählich durch, sie als Gnostizismus zu bezeichnen[78]. Der Grund ist: Wenn man die Häresien des 2. und 3. Jh. als Gnosis bezeichnet, klingt das so, als wäre Gnosis erst im 2. Jh. entstanden. Das stimmt aber nicht – Gnosis ist eine Hoffnung, die sich immer wieder in allen Religionen entwickelt hat. Gnostizismus ist jene einzigartige Kristallisation gnostischen Denkens, die im 2. Jahrhundert aus christlichen, jüdischen und hellenistischen Ideen entstand.
Oft wurde das EvThom als gnostisch bezeichnet, um es in die Zeit von ca. 140 n.Chr. zu datieren. Dies wäre die Zeit des Gnostizismus. Also betrachten wir doch, wie ein idealtypischer Gnostizismus jener Tage aussah:

1. Das Universum teilt sich in einem radikalen Dualismus auf: Diese gesamte Welt ist dem Göttlichen feind, die himmlische Welt der Fülle des göttlichen Lichts (Pleroma) hingegen ist weit entfernt[79].

---

[74] Diese Kräfte wurden personifiziert als Archonten bezeichnet.

[75] Colpe/Haenchen/Kretschmar, Spalte 1660, 5.

[76] Dies ist heute noch ein wichtiger Punkt unseres Glaubensbekenntnisses. Damals war er insofern noch wichtiger, als dass er eine eindeutige Abgrenzung zu den Gnostikern bildet. Das gesamte Credo liest sich für mich wie eine Aufzählung von Punkten, von denen man glaubt, ein Gnostiker könne sie nicht akzeptieren.

[77] Colpe/Haenchen/Kretschmar, Spalte 1660, 5.

[78] So hat 1966 der Fachkongress von Messina unter den Begriffen Gnosis und Gnostizismus unterschieden. Den genauen Vorschlag des Kongresses gibt Eltester wieder, Seiten 129-132. Aber noch immer verwenden die Forscher die Begriffe nicht einheitlich: Vgl. Berger, Seite 536, der die Begriffe anders verwendet.

[79] Torini/Scholten, Spalte 802.

2. Im Pleroma herrscht der gute und wahre Gott. Diese materielle Welt hingegen wurde vom alttestamentlichen Weltenschöpfer, dem »Demiurgen«, erschaffen. Hier wirken die »Archonten«, seine üblen Kräfte[80].
3. Im Pleroma war auch Sophia, die Weisheit Gottes. Sie war – als eigene Persönlichkeit – Gottes uranfängliche Partnerin. Sophia ist vom Pleroma abgefallen[81], und unsere Seelen, die vormals ebenso im Pleroma waren, sind ihr gefolgt.
4. Dieses Drama wird in einer mythischen Sprache geschildert, die Funktionen personifiziert. In dieser mythischen Sprache treten dann also Eigenschaften oder Aspekte auf, die zuweilen sogar als Götter bezeichnet werden[82].
5. Aber in diesem Drama gibt es eine großartige Hoffnung: ein göttlicher Lichtfunken, der Nous, ist immer noch in uns und macht unser innerstes Selbst aus. Wenn wir ihn erkennen, können wir durch ihn zum Licht zurückfinden, denn in ihm ist das göttliche Licht[83]. (Ich würde dieses Menschenbild nicht unbedingt als pessimistisch bezeichnen!)
6. Zum Zwecke der Erkenntnis müssen wir uns von allem bösen Materiellen entfernen, sogar von den Einflüssen unseres eigenen Körpers auf unsere Seele. Diese Entfernung soll sich zumindest in unserer inneren Einstellung auswirken, kann aber zu Askese und Enkratismus (religiös motivierter Einsiedelei) verleiten[84].

---

[80] Torini/Scholten, Spalte 802.

[81] Sophia kam in die Krise, weil sie entweder daran scheiterte, Gott erkennen zu wollen, oder daran, seine Schaffenskraft nachzuahmen. Torini/Scholten, Spalte 805, 3.

[82] Colpe/Haenchen/Kretschmar, Spalte 1649: »Zur Gnosis im engeren Sinne gehört ein remythisiertes oder mythologisches (nicht aber originär mythisches) Welt- und Menschenbild. Es spiegelt sich in der Begriffsgewinnung und -behandlung wieder: Man durchdenkt eine Sache und ihre Eigenschaften, eine Substanz und ihre Akzidentien, einen Vorgang und seine Aspekte, eine Person und ihre Tätigkeiten nicht in ihren funktionalen Verhältnissen zueinander, sondern vergegenständlicht sie zu Hypostasen und stellt sich die letzteren als von den ersteren naturhaft erzeugt vor (Emanation). So können Begriffe sogar zu Göttern werden (z.B. Äon).«

[83] Torini/Scholten, Spalte 805,3: »Die Erlösung im Sinne des Gnostizismus vollzieht sich, indem eine Geistkraft als Selbst des Pleroma das menschliche Selbst an sich selbst erinnert (im doppelten Sinne).«

[84] vgl. Berger, Seiten 526-527.

7. Der Abfall der Seele hat etwas damit zu tun, dass sie sich in zwei Gegensätze aufgespalten hat. Das Göttliche aber ist immer zweigeschlechtlich und darin ungeschlechtlich. Wenn diese Gegensätze sich wieder vereinigen, ist der Mensch wieder zu seiner uranfänglichen Gestalt zurückgekehrt[85]. Der göttliche Funken in uns muss durch sein göttliches Gegenstück wiedererweckt werden, um wieder hergestellt zu sein[86].

Stevan Davies hat sehr gut zusammen gefasst, warum das EvThom nun als gnostizistisch eingestuft wurde – und warum diese Einstufungen eigentlich nicht stimmen: Zunächst wurde dem EvThom nachgesagt[87], es würde Askese und sexuelle Enthaltsamkeit fordern, denn in Logion 37 steht:

»Seine Jünger sagten: An welchem Tag wirst du dich uns offenbaren, und an welchem Tag werden wir dich sehen? Jesus sagte: Wenn ihr eure Scham nackt gemacht habt, wenn ihr eure Kleider nehmen und unter eure Füße legen werdet wie die kleinen Kinder und auf sie treten werdet, dann werdet ihr sehen den Sohn des Lebendigen und ihr werdet euch nicht fürchten.«

Doch hier steht eigentlich nichts davon, dass man sich seiner sexuellen Lust entledigen soll – vielmehr soll man sich seiner Kleider entledigen. Und auch dies ist sicher nur symbolisch dafür gemeint, dass man sich von anerzogenen (künstlichen) Lebensweisen wieder entfernen soll, wenn sie nur zu einem inneren Konflikt (Scham, die man noch verbergen muss) führen. Aber es wurden noch andere Stellen benutzt, um herzuleiten, dass Thomas als ein Gnostiker die Abkehr von allen sozialen Beziehungen fordert. So z.B. Logion 101, das wir mit Lukas 14, 26 vergleichen können:

---

85 Plato hatte bereits diese Abfolge von uranfänglicher Einheit, der späteren Aufspaltung in zwei »contraria« (Gegensätze) und die erlösende (Wieder-) Vereinigung formuliert (Berger, Seite 527). Diese beiden Paargenossen bilden in der Gnosis eine »Syzigie«. Solche Syzigien sind z.B. das weibliche Leben und der männliche Logos, Gemeinde und Mensch, Wahrheit und Nous, der Erwünschte und die Sophia, etc. Die Valentinianer stellten sich unter dem Pleroma nicht weniger als 15 Syzigien vor, das macht 30 gepaarte Äonen! Hörmann, Seiten 35 und 347.

86 So wortwörtlich Eltester, Seite 130.

87 Dies haben Turner und Montefiore in ihrem Buch »Thomas and the Evangelists«, Seite 95, vertreten. Nach: Davies, Kapitel 2.

Logion 101: »Jesus sagte: Wer nicht seinen Vater und seine Mutter hasst, wird nicht mein Jünger werden können. Und wer seinen Vater nicht liebt und seine Mutter wie ich, wird nicht mein Jünger werden. Denn meine Mutter [erzeugte meinen Körper], aber meine wahre Mutter, sie gab mir das Leben.«

Lk 14, 26: »Wenn jemand zu mir kommt und nicht seinen Vater und seine Mutter und sein Weib und seine Kinder und seine Brüder und seine Schwestern und dazu auch sein eigenes Leben hasst, kann er nicht mein Jünger sein.«

Hier ist doch Lukas, der diesen Spruch der Quelle Q entlehnt hat[88], um einiges strenger als Thomas, der hingegen auch von Liebe spricht. Wenn Thomas zur Einsiedelei auffordert, dann Lukas weit mehr[89]. Und besonders asketisch gibt sich Thomas auch nicht: Stellenweise wendet er sich sogar ganz offen gegen die Praxis des Askese: »Wenn ihr fastet, werdet ihr euch eine Sünde zuschreiben;« in Logion 14.

Von einer gnostischen Schrift könnte man auch erwarten, dass sie den Körper gegenüber der Seele als minderwertig betrachtet. Doch meistens behandelt Thomas die Seele und den Körper gleichwertig:

Logion 112: Jesus sagte: Wehe dem Fleisch, das von der Seele abhängig ist; wehe der Seele, die vom Fleisch abhängig ist.

Und Thomas fordert nicht einen Sieg der Seele über den Körper, er fordert vielmehr, Teilungen aufzuheben und das Getrennte zu vereinigen:

In Logion 22 sagt Jesus: »Wenn ihr aus zwei eins macht und wenn ihr das Innere wie das Äußere macht und das Äußere wie das Innere [...], dann werdet ihr in das Königreich eingehen.« (vgl. auch Logion 106.)

Es stimmt zwar, dass Thomas von einer göttlichen Seele spricht, die im Körper wohnt, aber das tun alle spätantiken Religionen im Mittelmeerraum. Die Suche nach gnostischen Motiven erlaubt es also kaum, das EvThom gnostischer als die Wurzeln (Quelle Q) des NT zu nennen.

Den Umstand, dass gnostische Merkmale fehlen, hat Wilson[90] sogar so gedeutet, dass der gnostische Autor des EvThom es als orthodox verkleiden wollte[91], um die Orthodoxen zu täuschen. Mit der gleichen Begründung könnte die Hälfte des NT eine gnostische Täuschung sein!

---

88 vgl. Mt 10, 37.

89 Davies, Kapitel 2.

90 R. McL. Wilson: »Studies in the Gospel of Thomas« (London: Mobray, 1960), Seiten 12-13.

91 Davies, Kapitel 2.

Wilson hat die Methode vorgegeben, nach der man beweisen sollte, dass EvThom gnostisch wäre: Zuerst müsse man voraussetzen, dass es gnostisch sei, dann müsse man es mit den Augen eines Gnostikers interpretieren, und das Ergebnis sei der Beweis, dass es gnostisch ist[92]. Dies ist natürlich nicht wissenschaftlich[93]. Das EvThom ist auch nicht gnostisch, weil es in einer gnostischen Bibliothek gefunden wurde: Dort wurden nämlich auch andere nicht gnostische Schriften gefunden[94].

Trotzdem wurde das EvThom als gnostisch bezeichnet, weil der Begriff eben unscharf ist. Einige Autoren verwandten den Begriff »gnostisch« nur negativ – ohne einen eigentlichen positiven Inhalt – im Sinne von »nicht kanonisch«, »nicht großkirchlich«, »nicht apostolisch« oder »nicht patristisch«[95].

Und obwohl die Theorie, das EvThom sei gnostisch, unseriös ist, trifft man immer wieder auf sie: Die aktuellste Einzeluntersuchung in meiner Universitätsbibliothek zum Thema EvThom, von Michael Fieger[96] 1991 verfasst, vertritt immer noch diese Theorie, ohne auf eine Begründung dafür näher einzugehen.

Wohin soll das EvThom aber gehören, wenn nicht zur Gnosis und nicht zum NT? Erhellender ist es, das EvThom mit jüdischen weisheitlichen Schriften zu vergleichen - mit jenen Strömungen also, die bereits zu Jesu Lebzeiten aktuell waren:

---

92 Wilson, Seite 19: »To examine first the gnostic element, both by way of confirming that this is a gnostic work and also to determine the modifications which are due to gnostic influences; then to examine the parallels to our gospels, and finally to deal with other questions relating to the new gospel.« Nach: Davies, Kapitel 2.

93 Mit Bezug auf Wilsons eben vorgestellte Methode: Davies, Kapitel 2. Demgemäß äußert sich generalisierend auch Zöckler, Seiten 34-40.

94 Bei Nag Hammadi finden sich die Lehren des Sylvanus (NHC VII, 3), die Sentenzen des Sextus (NHC XII, 1), ja sogar die Republik von Plato (NHC VI, 5) - allesamt keine gnostischen Schriften. Nach: Davies, Kapitel 2.

95 Eine ähnliche Aufzählung bietet Davies, Kapitel 2.

96 Fieger wiederholt in seiner Doktorarbeit (oft sogar wortwörtlich) lediglich Schrages Standpunkt des Jahres 1964. Die wichtigen Erkenntnisse seitdem, etwa von Köster/Robinson, hat er einfach ignoriert (nach: Zöckler, Seite 37, Anmerkung 28 und auch Schröter, Seite 132, Anmerkung 335). Da derzeit in Deutschland kein weiteres Standardwerk zum EvThom verfaßt wurde, blieb Fiegers Buch die Grundlage zahlreicher Lexikonartikel und hat die Beteiligung Deutschlands an der modernen Forschung zum EvThom geradezu verhindert. Dies stimmt mich umso trauriger, da die deutsche Forschung in diesem Bereich ursprünglich sehr mutig und kühn war.

Anfang des EvThom: »Dies sind die geheimen Worte, die Jesus der Lebendige sagte [...] Und er sagte: Wer die Bedeutung dieser Worte findet, wird den Tod nicht schmecken.«

Sprüche Salomos, 4, 20-22: »Mein Sohn, merke auf meine Rede und neige dein Ohr meinen Worten. Lass sie nie aus den Augen, bewahre sie in deinem Herzen. Denn sie sind Leben dem, der ihrer teilhaft wird [...]

Jesus spricht hier Worte, die wir ganz ähnlich in einer weisheitlichen Schrift aus dem Munde der personifizierten Weisheit hören: Ihre weisen Worte bringen uns Leben, wenn wir sie verinnerlichen. Dass Jesus als Sprecher der Weisheit auftritt, ist für das Urchristentum nichts ungewöhnliches. Auch in der Quelle Q (Lk 11, 49-50 / Mt 23, 34-35) ist ein Spruch überliefert, den Lukas der personifiziertem Weisheit in den Mund legt, bei Matthäus aber Jesus über die Lippen kommt[97]:

Nach Lukas: »Deshalb hat euch die Weisheit Gottes gesagt: Ich will zu ihnen Propheten und Apostel senden, und etliche von ihnen werden sie töten und verfolgen, damit das Blut aller Propheten, das seit Erschaffung der Welt vergossen worden ist, von diesem Geschlecht gefordert wird [...]«

Nach Matthäus: »Siehe ich [Jesus] sende deshalb zu euch Propheten und Weise und Schriftgelehrte; etliche von ihnen werdet ihr töten und kreuzigen, [...] damit alles gerechte Blut über euch komme, das auf Erden vergossen wird [...]«

Es sieht also so aus, als wäre auch in der Entstehungsphase des NT Jesus zuweilen mit der personifizierten Weisheit gleichgesetzt worden.
Diese Gleichsetzung ist ein Teil des frühchristlichen Gedankengutes und ging verloren, als Spruchsammlungen wie Q von biographischen Evangelien wie Mk, Mt und Lk – quasi weiter entwickelten Evangelien – überholt und abgelöst wurden. Von da an wurde diese Gleichsetzung nur noch von den Gnostikern weiter überliefert. James Robinson schreibt:

»In den synoptischen Evangelien gibt es gelegentliche Anzeichen dafür, dass Jesus mit der Weisheit in Verbindung gebracht wird. In der Spruchquelle (Mt 11, 19 // Lk 7, 35) erscheinen Jesus und auch Johannes der Täufer als Träger oder Sprecher der Weisheit [...] So kann man noch vor der endgültigen Abstoßung der Gattung der Spruchsammlungen durch die sich formierende Rechtgläubigkeit eine Entwicklung spüren, deren radikale Entsprechung und deren schließliches Ergebnis wir nur noch in der Gnosis vor uns haben.« (Seite 105)

[97] Nach: Robinson, Seite 105.

Im nächsten Kapitel werde ich der Spur nachgehen, ob diese Gleichsetzung auch ein Schlüssel zum EvThom ist, womit das EvThom eine Frühform der urchristlichen Literatur wäre, die Jesus im Licht der jüdischen Weisheit sieht und den Scheideweg zu Orthodoxie und Häresie noch vor sich hat. Wenn diese Form des Urchristentums später beide Extreme hervorgebracht hat, dann ist es verwirrend, sie als gnostisch zu bezeichnen, wenn es dadurch als Gegensatz zur Orthodoxie empfunden wird. Eltester würde diese Frühphase Protognostizismus[98] nennen, ich würde sie in der Sprache der Biologen totipotente Stammzellen[99] nennen: die Wiege von sowohl Orthodoxie als auch Häresie.

---

[98] Eltester, Seite 130.

[99] Totipotente Stammzellen sind jene ersten Zellen bei der Entstehung eines menschlichen Embryos, die noch keine Ausprägung haben, welche Organe des Körpers sie später bilden. Solange der Embryo noch im Stadium von nur acht Zellen ist, könnte noch jede einzelne dieser Stammzellen einen vollständigen Menschen ausbilden. Danach sind die Stammzellen nur noch pluripotent, können sich immer noch verschieden ausbilden, aber nicht mehr zu jedem erdenklichen Organ.

3. Ein Schlüssel zum EvThom

a) Die Suche nach dem Königreich

Hier geht es beim Streben nach Weisheit nicht nur um die Grundlage rechter Lebensgestaltung, sondern auch um die Intention, durch die Weisheit wahres Leben als ewige Gemeinschaft mit Gott zu bekommen.

Hermann von Lips[100]

Das EvThom macht einen ungeordneten und unsystematischen Eindruck. Je öfter man aber darin liest, desto häufiger glaubt man, einen Spruch durch einen anderen erklären zu können, mag er auch an einer entfernten Stelle stehen. Und zum wissenschaftlichen Interesse an der Entschlüsselung dieser oft rätselhaften Sprüche gesellt sich auch ein religiöses Interesse. Immerhin ist demjenigen, der die Bedeutung dieser Worte entdeckt, eine unglaubliche Belohnung verheißen: Das ewige Leben[101].

Das EvThom beruft sich auf höchstens drei Personen: Die leiblichen Brüder Jesus (Prolog), Judas Thomas (Prolog, Logion 13) und Jakobus (Logion 12). Uns ist keine ältere Schrift zu irgendeinem dieser Brüder überliefert, die dem EvThom etwa eine Quelle gewesen sein mag. Darum müssen wir das EvThom, so gut es geht, aus allgemeiner jüdischer Überlieferung und aus sich selbst heraus erklären[102].

Unser größtes Problem dabei ist: Das EvThom ist vieldeutig[103]! Wir können jüdische Weisheit, Protognostizismus oder Wanderradikalismus[104] als Schlüssel ansetzen und jedesmal lässt sich das EvThom mehr oder weniger elegant dadurch erschließen. Wir können uns nie wirklich sicher sein, die richtige Deutung gefunden zu haben. Und doch ist das EvThom ein zu wichtiges Zeugnis über die Entstehung des Christentums, als dass man seine Deutung unterlassen dürfte.

Jesus war ein erklärter Freund von Johannes dem Täufer (Logion 46). Sein Umfeld war also mit der Mahnung vertraut, das Reich Gottes sei nahe

[100] Von Lips, Seite 107. Dies schreibt von Lips nicht etwa über eine gnostische Schrift, ein mystisches Traktat oder über das EvThom, sondern über die »Weisheit Salomos«. Ich staune.

[101] Siehe Logien 1 und 85.

[102] Valantasis, Seite 7.

[103] Cullmann, Spalte 331, hat die Vieldeutigkeit im EvThom sehr treffend charakterisiert: »So wie gleiche Gedanken zu verschiedenen Bildern Anlaß geben, so auch umgekehrt die gleichen Bilder zu verschiedenen Gedanken.«

[104] Wanderradikalismus hält Patterson (vgl. Seiten 161-164) für einen wichtigen Schlüssel.

und man solle Buße tun[105]. Folgende Frage dürfte Jesus häufiger gestellt worden sein:

(113) Seine Jünger sagten zu ihm: Das Königreich, an welchem Tage wird es kommen? Jesus sagte: Es wird nicht kommen, indem man darauf wartet; man wird nicht sagen: Seht, hier ist es, oder: Seht, dort ist es; sondern das Königreich des Vaters ist ausgebreitet über die Erde, und die Menschen sehen es nicht. (Ähnlich auch Logion 51!)

Jesu Antwort ist verblüffend. Vom Anbruch des Königreiches erwartete man, dass Gottes Wille in einem jüngsten Gericht offenbart und vollzogen wird, dass den Frommen wie den Sündern ihre Taten vergolten werden. Dies alles ist kaum irgendwo bereits erkennbar. Und Jesus gibt dies selber zu: dies zu erkennen ist ja gerade die Prüfung, um zu unterschieden, wer auserwählt wird und wer »arm« bleibt:

(3) Jesus sagte: Wenn die, die euch führen, euch sagen: Seht, das Königreich ist im Himmel, so werden euch die Vögel des Himmels vorangehen; wenn sie euch sagen: Es ist im Meer, so werden euch die Fische vorangehen. Aber das Königreich ist in eurem Inneren, und es ist außerhalb von euch. Wenn ihr euch erkennen werdet, dann werdet ihr erkannt, und ihr werdet wissen, dass ihr die Söhne des lebendigen Vaters seid. Aber wenn ihr euch nicht erkennt, dann werdet ihr in der Armut sein, und ihr seid die Armut.

Wer das Königreich erkennt, wird erkannt, wird in das Königreich aufgenommen. Doch niemand wird es erkennen können, der nicht sein eigenes Wesen erkennt. Wer seine eigene Bestimmung erkennt, nämlich zum Sohn des lebendigen Vaters zu werden, erkennt damit das Wesen seiner selbst und der gesamten Welt. Dann betritt er die göttliche Bühne und nimmt seinen Platz in einer schicksalshaften Szene ein, deren Kulisse nicht weniger als die gesamte Welt ist. In allem erkennt man dann die von Gott vorgesehene Bedeutung. Doch dieser eigentliche Sinn der Welt ist für die Menschheit insgesamt (z.B. durch Wissenschaft) nicht zu erkennen.

Man kann aber auch positiv sagen: Jeder kann jederzeit aus den Mitteln seines eigenen Wesens heraus das Königreich erkennen und dort hinein gelangen.

Mit dieser positiven Aussage über das Innere des Menschen steht das EvThom in einer alten jüdischen Tradition[106]. Im EvThom wird das König-

[105] Die apokalyptische Predigt von Johannes dem Täufer ist bereits in der Logienquelle überliefert. Vgl. besonders Mt 3, 1-10; Lk 3, 3-9.

[106] Davies erkennt auch in Jesus Sirach (1,1-10.14) eine weisheitliche Auslegung der selben Stelle in 5. Mose 30, hingegen in Hiob 28,12-15 eine pessimistische Variante.

reich ähnlich beschrieben, wie früher im Baruchbuch (2. bis 1. Jh. v.Chr.) die Weisheit beschrieben wurde. Und Baruch wiederum legt als Weisheit nur das aus, was im 5. Buch Mose als die Gebote Gottes beschrieben wird. In allen drei Schriftstellen kann man die Botschaft Gottes weder vom Himmel noch von jenseits des Meeres erwarten, trotzdem hat der Mensch bereits Kenntnis davon:

(5. Mose 30,11-15) Denn dieses Gesetz [...] ist für dich nicht zu schwer und nicht zu ferne. Nicht im Himmel ist es, dass du sagen könntest: Wer steigt uns in den Himmel hinauf, um es uns zu holen und uns zu verkünden, dass wir danach tun? Auch nicht jenseits des Meeres ist es, dass du sagen könntest: Wer fährt uns über das Meer, um es uns zu holen, und uns zu verkünden, dass wir danach tun? Sondern ganz nahe ist dir das Wort, in deinem Munde und in deinem Herzen, dass du danach tun kannst.

(Baruch 3,29-32; 4,1) Wer ist zum Himmel hinaufgestiegen und holte [die Weisheit] und brachte sie herab aus den Wolken? Wer fuhr über das Meer und fand sie und brachte sie für kostbares Gold? Da ist niemand, der den Weg zu ihr kennt, und keiner, der den Pfad zu ihr gewahrt; aber [Gott], der alles weiß, kennt sie, er hat sie erkundet durch seinen Verstand; [...] Sie ist das Buch der Gebote Gottes und das Gesetz, das in Ewigkeit besteht; alle, die daran festhalten, gewinnen das Leben, aber die sie verlassen, sterben dahin.

Also greift Logion 3 eine sehr alte Tradition auf: das 5. Buch Mose sagte: In deinem Herzen hast du Zugriff auf die Gesetze Gottes, du kannst nicht vorgeben, sie wären dir nicht übermittelt worden. Baruch nahm die Erzählung auf und sagte: Ja, und mit dem Gesetz Gottes ist die Weisheit gemeint. Es stimmt, dass sie nicht aus der Luft oder über Wasser besorgt werden kann, und dies ist so, weil sich Weisheit für kein Gold der Welt erkaufen läßt. Das EvThom sagt nun: Es stimmt, dass Weisheit nicht für Gold gekauft werden kann (darum sage ich: Das Königreich ist im Inneren). Und wer der Weisheit heute schon folgt, lebt sogleich im Königreich und wird nicht sterben (darum sage ich: Das Königreich ist bereits ausgebreitet über die Erde).

Das EvThom nennt die Auserwählten, die im Königreich leben, Söhne Gottes – so, wie auch die weisheitliche Schrift namens »Weisheit Salomos« die weisen Menschen nennt[107]. Eine weitere Parallele zur jüdischen Weisheit.

Davies, Kapitel 3.

[107] Nach Davies, Kapitel 3, entstammt der Begriff »Sohn Gottes« vor allem der Weisheit Salomos 5,5; 2,13 und 2,16.

Das Königreich existiert also bereits, nur einige leben darin und andere nicht. Man muss das Königreich erst noch »finden«. Auch die Formulierung dieses Umstandes erinnert an eine Formulierung aus der »Weisheit Salomos«:

(Logion 5) Jesus sagte: Erkenne das, was vor dir ist, und das, was vor dir verborgen ist, wird dir enthüllt werden; denn es gibt nichts Verborgenes, was nicht offenbar werden wird.

(Weisheit 7,21-22) Alles, was es nur Verborgenes und Sichtbares gibt, erkannte ich; denn die Werkmeisterin aller Dinge, die Weisheit lehrte es mich. [...]

Logion 5 spielt wieder darauf an, dass das Königreich auf der Erde ausgebreitet ist. Dem entspricht das weisheitliche Denken, dass die Weisheit in allen geschaffenen Dingen enthalten ist, durch alle Schöpfung zu uns spricht. Denn die Weisheit ist die »Werkmeisterin aller Dinge«, durch sie hat Gott alles geschaffen.

Im Erkennen der Welt dringt man zur Weisheit durch, und die göttliche Weisheit offenbart alle verborgenen Dinge[108]. Dafür ist natürlich nötig, die Welt »mit anderen Augen zu sehen«. Die Menschen »sehen es nicht« (Logion 113), obwohl es ausgebreitet ist. Dies liegt am Auge: Das ungeschulte Auge ist unfähig, das Königreich zu erkennen:

Logion 46a: Jesus sagte: Von Adam bis Johannes dem Täufer ist unter den Kindern der Frauen keiner höher als Johannes der Täufer, denn seine Augen konnten klar sehen.

Um das Königreich zu erkennen, muss man einen Blick für die tiefere Wahrheit in dieser Welt gewinnen. Man muss sich nicht in eine andere Sphäre bewegen[109]. Aber es braucht ein »Auge statt eines Auges« (Logion 22). Und wie soll man dahin kommen? Wie erlangt man diese tiefere Einsicht über die Welt und sich selbst? Im EvThom wird dieser Prozess als ein Suchen und Finden beschrieben:

(2) Jesus sagte: Wer sucht, soll nicht aufhören zu suchen, bis er findet; und wenn er findet, wird er bestürzt sein; und wenn er bestürzt ist, wird er verwundert sein, und er wird über das All herrschen.

---

[108] Es ist im Judentum ein festes Attribut der Weisheit, als Gottes Partnerin in der Schöpfung mitgewirkt zu haben: Sprüche Salomos 3, 19: »Durch Weisheit hat der Herr die Erde gegründet, den Himmel durch Einsicht festgestellt.« (Nach: von Lips, Seite 150)

[109] Zöckler hat sehr schön dargestellt, wie das EvThom eben keine gnostische negative Sicht von der Welt hat, sondern eine recht positive, da die Welt hier von einem »Geheimnis durchdrungen« ist, »dessen Aufdeckung Erlösung verspricht« (Seite 120).

Auf die Möglichkeit, zu suchen, aber nichts zu finden, geht das EvThom überhaupt nicht ein! Es scheint hier, als würde jeder finden, wenn er nur sucht:

(94) Jesus sagte: Wer sucht, der wird finden, und dem, der anklopft an das Innere, dem wird geöffnet werden.

Wenn Menschen das Königreich nicht finden, liegt es daran, dass sie gar nicht danach gesucht haben (vgl. auch Logion 109). Und welchen verborgenen Schatz findet man garantiert, wenn man nur in seinem Inneren danach sucht? Wenn wir untersuchen, woher das Motiv Suchen/Finden stammt, werden wir schon wieder auf die Weisheit verwiesen. Hermann von Lips gibt eine Vielzahl von weisheitlichen Schriftstellen an, aus denen das Motiv Suchen/Finden stammt[110]. Wenn Jesus also von Suchen und Finden gesprochen hat, dann wird seinerzeit ein Jude an die Suche nach der Weisheit gedacht haben. Und für die Weisheit stimmt die eigentümliche Logik des EvThom ja auch: Weisheit kann jeder erlangen, der ihr nacheifert, und er erhält umso mehr davon, je länger er sich mit ihr beschäftigt. Logion 109 vergleicht die Weisheit mit einem Schatz, der in einem Acker vergraben liegt: Die Besitzer des Ackers haben nichts vom Schatz, bis einer den Acker fleißig bearbeitet. Dieses Logion hat verblüffende Ähnlichkeit mit einer rabbinischen Erklärung zum Hohelied (Midrasch Hld. 4,12)[111]. In diesem Midrasch wird ein Wort mit einem Schatz verglichen:

(109) Jesus sagte: Das Königreich ist gleich einem Mann, der in seinem Acker einen versteckten Schatz hatte, von dem er nichts wusste. Und nachdem er verstorben war, vererbte er ihn seinem Sohn. Der Sohn wusste davon nichts; er nahm dieses Feld und verkaufte es. Und der, der es gekauft hatte, kam; er pflügte und er fand den Schatz; er begann, Geld gegen Zinsen zu verleihen an die, die er wollte.

(Midr. Hld. 4,12) Es verhält sich [mit dem Wort] wie mit einem Mann, der als Erbe einen Ort voller Unrat erbte. Der Erbe war faul und verkaufte ihn für eine lächerliche Kleinigkeit. Der Käufer grub ihn mit großem Eifer um und fand in ihm einen Schatz. Er baute davon einen großen Palast und zog durch den Basar mit einem Gefolge von Sklaven, die er von jenem Schatz gekauft hatte. Als der Verkäufer das sah, hätte er sich am

[110] »Suchen« bei Spr 1,28; 2,4; 8,17; 14,6. »Finden« bei Spr 1,28; 3,13; 8,9.17 (von Lips, Seite 161). Das Begriffspaar Suchen und Finden positiv verbunden: Spr 2,4f; 8,17; Sir 51,26b; Sap (das ist die Weisheit Salomos) 6,12. Vom Finden der Weisheit o.ä.: Spr 3,13; 8,9; 18,28; 25,9f; 51,27; Sap 6,14 (Seite 172, Anmerkung 118).

[111] Dieses Gleichnis hat der Jesus des EvThom – wie vieles andere auch – der rabbinischen Tradition entlehnt. Vgl. dazu Davies, Kapitel 1 und Zöckler, Seite 154.

liebsten erhängt (vor Ärger).

Der wesentliche Unterschied zwischen dem EvThom und dem Midrasch liegt in der Schlusspointe. Im Midrasch verbraucht der Finder den Schatz. Im EvThom hingegen vermehrt der Finder den Schatz zum einen (denn seine Weisheit kann man nicht verlieren, nur vermehren), zum anderen »verleiht« er den Schatz auch an andere (er »verleiht« Weisheit, wem er will!). Obwohl das EvThom grundsätzlich gegen Wucher ist (Logion 95), nutzt es den Wucher hier als Gleichnis: Der Weise kann seine Weisheit anderen zur Verfügung stellen und verliert trotzdem nichts von ihr[112].
Nach allem, was wir jetzt wissen, könnten wir voreilig annehmen, dass im EvThom das Königreich soviel wie Weisheit bedeutet. Aber im Gegensatz zu anderen weisheitlichen Schriften taucht der Begriff Weisheit im EvThom nirgendwo auf! Ich glaube, der Begriff Weisheit wurde bereits vom historischen Jesus ganz bewusst gegen den Begriff Königreich ausgetauscht. Zunächst bedeutete »Weisheit« ja nicht viel mehr als »Lebenserfahrung«[113]. Erst im Laufe der jüdischen Tradition ist Weisheit als göttliches Attribut wichtig geworden und schließlich zum wesentlichen Mittel der religiösen Erkenntnis. Somit konkurrierte Weisheit mit Gesetz und Prophetie. Und Weisheit entwickelte sich zum ultimativen Kriterium: wer sie erkennt, gelangt in einen gottähnlichen Status mit allen Vorteilen. Er herrscht über das Universum und erlangt das ewige Leben (Sap 8,13-14). Mit diesen Eigenschaften ist »Weisheit« nicht mehr nur so etwas wie Lebenserfahrung, sie ist nun der Durchbruch zu einer gottähnlichen Existenz. Und es ist nur folgerichtig, sie mit dem apokalyptischen Begriff »Königreich« umzubenennen, wenn man von ihr nun alles im Hier und Heute erwarten kann, was man sonst nur der Apokalypse zugetraut hatte.
Damit wird das »Königreich« mit jenen mystisch-pneumatischen Inhalten der weisheitlichen Tradition gefüllt, die wir aus der Schrift der »Weisheit Salomos« kennen[114], die um ca. 50 v.Chr. geschrieben wurde[115]. Und wenn das EvThom ein ursprüngliches und authentisches Zeugnis über Je-

[112] Zöckler, Seiten 157-159.
[113] Vgl. von Lips, ab Seite 29 und 116.
[114] Von Lips, Seite 107: Nachdem die jüdische Weisheit mit der hellenistischen Philosophie in Wechselwirkung getreten war, prägte sich die jüdisch-hellenistische Weisheit in zwei Linien aus: einer ethischen Linie (vgl. besonders das 4. Makkabäerbuch) und einer mystisch-pneumatischen Linie (vgl. die Weisheit Salomos). Zur Zeit Jesu war die Weisheit die prägende Traditionslinie im Judentum, neben anderen Linien wie Apokalyptik, Gesetzesfrömmigkeit u.a. (vgl. von Lips, Seite 188).
[115] Diese Datierung laut dem Artikel »Salomo-Weisheit« in Religion in Geschichte und Gegenwart, dritte Auflage 1958, Band V.

sus von Nazareth ist, dann würde das bedeuten, dass Jesus diese Traditionslinie seiner Tage nicht eben unlogisch weiterentwickelt hat.
Im EvThom wurde das »Königreich« mit zwei verschiedenen weisheitlichen Bedeutungen gefüllt: Zum einen ist das Königreich eine Bezeichnung für jene göttliche Weisheit, die durch die Schöpfung in alle Dinge kam und so nun auf Erden ausgebreitet ist, zum anderen ist das Leben im Königreich ein Leben in der Weisheit Gottes. Diese zwei Bedeutungen sind nicht das gleiche, und es entsteht eine paradoxe Situation. Wenn das Königreich überall auf Erden ausgebreitet ist, dann leben wir alle darin und in jedem von uns ist das Königreich enthalten. Doch erst, wenn wir das erkennen und die Weisheit Gottes zu unserer Weisheit machen, kommt es wirklich zum mystischen Leben im Königreich. Man kann also im Königreich leben und zugleich noch nicht im Königreich leben.
Das EvThom weist öfter darauf hin, dass es nicht reicht, im Königreich zu sein. Im eben besprochenen Logion 109 muss das Feld erst noch bebaut werden, um den Schatz zu finden. Eine Entscheidung wird auch noch in anderen Logien gefordert:

(8) Und er sagte: Der Mensch gleicht einem weisen Fischer, der sein Netz ins Meer warf; er zog es aus dem Meer voll von kleinen Fischen; unter ihnen fand er einen großen schönen Fisch, der weise Fischer; er warf alle kleinen Fische ins Meer, er wählte den großen Fisch ohne Anstrengung. Wer Ohren hat, zu hören, der höre!

Für einen normalen Fischer macht es keinen Sinn, die kleinen Fische ins Meer zu werfen, nur weil er einen großen gefunden hat. Er könnte alle behalten. Doch das Königreich wird man nicht anders erhalten können. Interessant ist auch der Anfang dieses Logions: Es heißt nicht: »Der weise Mensch gleicht einem Fischer...« sondern: »Der Mensch gleicht einem weisen Fischer«. Also auch die törichten Menschen wählen aus und verwerfen den Rest. Nur ist die Frage, was man wählt und was man verwirft. Wer dem Königreich ein minderwertiges Ding vorzieht, wirft damit das Königreich fort. Das ist auch die Pointe des Gastmahls von Logion 64. Diese Konkurrenz herrscht aber allein auf der geistigen Ebene. Der Fischer wirft nur die anderen Fische weg, sein Schiff behält er. Der Kaufmann verkauft nur seine anderen Waren. Seinen Privatbesitz behält er. Das Königreich Gottes darf also nicht gegen konkurrierende Weltanschauungen verworfen werden. Ein tatsächlicher Verkauf des Privatbesitzes, wie es uns eher das NT nahelegt[116], ist nicht nötig, um zum Königreich zu gelangen. Das Suchen und Finden im EvThom ist rein spiritueller Natur.

b) Die Herrschaft im Königreich

Als den wohl vorzüglichsten Vorteil eines Lebens im Königreich verheißt uns das EvThom das ewige Leben. Auch dies ist in der weisheitlichen Tradition nichts neues[117]. An einer Stelle liest sich die »Weisheit Salomos« geradezu wie eine Einführung in das EvThom:

> [Der Weisheit] Anfang ist ein ganz aufrichtiges Verlangen nach Belehrung, [...] Achten auf [ihre] Gebote aber ist Sicherung der Unsterblichkeit, Unsterblichkeit aber bringt in Gottes Nähe. So führt das Streben nach Weisheit zu königlicher (!) Würde. (Sap 6,17-20. Von hier ist es nur noch ein kleiner Schritt zum »Königreich« des EvThom.)

Das ewige Leben kann in erster Linie bedeuten, dass man nicht stirbt, sondern für immer in diesem Körper weiter lebt. Eine andere Vorstellung vom ewigen Leben wäre es, dass es in irgendeiner Form ein Leben nach dem Tode gibt. Im EvThom spricht einiges für die erste Version: der körperliche Tod erscheint als ein Beweis dafür, dass man nicht zum ewigen Leben, nicht ins Königreich durchgedrungen ist:

> (85) Jesus sagte: Adam ist aus einer großen Kraft hervorgekommen und aus einem großen Reichtum, und er war eurer nicht würdig; denn wenn er würdig gewesen wäre, hätte er den Tod nicht geschmeckt.
> (1) Und er sagte: Wer die Bedeutung dieser Worte findet, wird den Tod nicht schmecken.

Trotzdem gibt es auch Anzeichen dafür, dass der körperliche Tod im EvThom als unausweichlich gilt. Diese Sprüche sind allerdings recht rätselhaft, weil wir nicht genau wissen, was dort z.B. »Haus« oder »Weinstock« symbolisieren:

---

[116] Bei Mt 13,44 findet ein Mensch erst den verborgenen Schatz, dann verkauft er allen Besitz und kauft den Acker. Doch das ist unlogisch: Wie hat er den Schatz auf einem Acker gefunden, der ihm gar nicht gehört hat? Bei Mt 13,45 verkauft der Kaufmann nicht nur seine Waren, er verkauft wiederum »alles, was er hatte«. Hier kann man viel eher die Idee vermuten, jemand müsse allen Besitz aufgeben, um Jesus zu folgen. Das EvThom verlangt diese Konsequenz nicht. Ähnlich sieht es Zöckler, Seite 152.

[117] Davies hat darauf hingewiesen, dass auch in Spr 8,35 mit der Weisheit das Leben gefunden wird (vgl. Logion 1), aber auch auf Sap 6,17-20. Davies, Kapitel 3.

(71) Jesus sagte: Ich werde dieses Haus zerstören, und niemand wird in der Lage sein, es wieder aufzubauen.
(40) Jesus sagte: Ein Weinstock ist gepflanzt worden außerhalb des Vaters; und da er nicht befestigt ist, wird er ausgerissen werden mit seiner Wurzel, und er wird verderben.

Aus anderen Stellen können wir entnehmen, dass im EvThom das Haus wohl ein Symbol für den menschlichen Leib selbst ist[118], und somit wäre Logion 71 ein Hinweis darauf, dass der physische Tod unausweichlich ist. Das ewige Leben im EvThom wäre bis zum physischen Tode eben ein Leben besonderer spiritueller Qualität – es wäre »die Eigentlichkeit der Existenz, die in der Erleuchtung des definitiven Sichverstehens geschenkt wird«, wie Bultmann es für das Johannesevangelium erklärt[119]. Wir können zumindest sicher sagen: Im EvThom gewährt das Königreich ein Leben, das den Tod verhindert. Es spricht einiges dafür, dass der körperliche Tod in Kauf genommen werden muss und man nur den »spirituellen Tod« verhindern kann. Wer aber im Königreich das ewige Leben erhält, hat auf alle Fälle den Tod besiegt, dem alle anderen anheim fallen werden.
In diesem Abschnitt ist mir wichtiger, wie man dorthin gelangt. Zwar soll jeder finden, der sucht. Trotzdem wird noch präzisiert, wie sich die gesamte Existenz verwandeln muss, ehe man ins Königreich gelangt.
Die wichtigste Bedingung für den Eintritt ins Königreich ist wohl:

(106) Jesus sagte: Wenn ihr aus zwei eins macht, werdet ihr Söhne des Menschen werden; und wenn ihr sagt: Berg, gehe weg, wird er sich weg bewegen.
(48) Jesus sagte: Wenn zwei Frieden schließen unter sich in diesem einen Haus, werden sie dem Berg sagen: Versetze dich – und er wird sich versetzen.
(Vgl. dazu auch Logion 22!)

In Logion 106 weiß man noch nicht, was sich vereinigen soll. Logion 48 scheint über verschiedene Menschen zu sprechen. Doch wieder erweist sich das Haus als ein Symbol für den Menschen, denn in Logion 22 wird

[118] Diese Deutung ist noch umstritten und auch etwas umständlich entstanden: In Logion 35 ist davon die Rede, dass jemand in das Haus des Starken hineingehen will, um es umzudrehen. Die Art und Weise, wie das Wort »hineingehen« (griechisch εισερχεσθαι) verwendet wird, erinnert an den Weg, wie Dämonen in eine Person »hineingehen«, um sich ihrer zu bemächtigen. Dieser unglückliche Mensch ist dann zur »Wohnung« der Dämonen geworden (vgl. in Q: Lk 11,24-26/ Mt 12,43-45). Das lässt Zöckler glauben, dass das Haus im EvThom den (meistens gefährdeten) Menschen symbolisiert. Zöckler, Seite 203.
[119] So bei R. Bultmann »Das Evangelium des Johannes«, 13. Auflage 1953, Seite 194. Quispel, Seite 265, führt Bultmanns Definition als Schlüssel zum EvThom an.

nur allzu deutlich, dass sich diese Vereinigung vor allem am Menschen ereignen soll. Hier wird auch klar, dass nicht ein spezieller Gegensatz vereinigt werden soll. Jeder erdenkliche Gegensatz – was auch immer die Gleichmäßigkeit des Menschen stören könnte – muss aufgehoben werden. Jesus leugnet nicht, dass der Mensch aus einem Körper und einer Seele besteht. Aber die beiden dürfen auf keinen Fall gegeneinander arbeiten. Keiner von beiden darf benachteiligt werden (vgl. Log. 89):

(22) [...] Wenn ihr aus zwei eins macht und wenn ihr das Innere wie das Äußere macht und das Äußere wie das Innere und das Obere wie das Untere und wenn ihr aus dem Männlichen und dem Weiblichen eine Sache macht, sodass das Männliche nicht männlich und das Weibliche nicht weiblich ist [...] dann werdet ihr in das Königreich eingehen.
(89) Jesus sagte: Warum wascht ihr das Äußere der Trinkschale? Versteht ihr nicht, dass der, der das Innere gemacht hat, auch der ist, der das Äußere gemacht hat?

Auch darin, dass jemand männlich ist und darum eben nicht weiblich (oder umgekehrt) sieht Jesus eine einseitige Ausformung des Menschen, die es aufzuheben gilt. Warum ist es so wichtig, dass man im inneren ungeteilt ist?
Im Judentum war die »Einfalt des Herzens« eine fromme Tugend[120]. Sie bedeutet, keine zwei Zungen zu haben – etwa eine fromme und eine böse. In der Einfalt weicht man von der Frömmigkeit nicht ab. Es wäre Heuchelei, im Gebet fromm zu sprechen und an anderer Stelle anders zu handeln. Vom Teufel hingegen heißt es: »Jedes Werk von Beliar ist zwiefältig und hat keine Einheit«[121]. Und auch im NT wird das Wort »einfältig« in diesem Sinne verwendet. Dort wird die Einfältigkeit auch als »Licht« im Menschen bezeichnet[122]. Das EvThom erklärt das »Licht« gar nicht erst als »Einfalt des Herzens«, sondern verwendet es ohne Erklärung.
Aber Logion 61 deutet an, dass man voller »Licht« ist, wenn man die Gegensätze aufgehoben hat:

(61) [...] Wenn er gleich ist, ist er voller Licht; aber wenn er geteilt ist, wird er voller Dunkelheit sein.

[120] Zöckler verweist hierbei auf einige Schriftstellen, die mir weniger wichtig sind (TestRub 4,1; TestSim 4,5; TestIss 4,1) aber eben auch auf Sap 1,1: »denkt nach über den Herrn in Güte, und in Einfalt des Herzens sucht ihn.« (Zöckler 87, Anmerkung 188)
[121] TestBen 6, 7. Nach: Zöckler, Seite 88.
[122] So bei Mt 6,22-23. Diese Stelle spricht über das Auge; mit dem Auge ist aber das innerste Selbst des Menschen gemeint! Z.B.: Liebe deinen Bruder wie deinen Augapfel (Logion 25) - liebe deinen Bruder wie dich selbst. (Mk 12,31 u.a.). Nach: Zöckler, Seite 81.

Unter den verschiedenen Gegensätzen, aus denen wir eins machen sollen, gehören im EvThom auch der Anfang und das Ende. Diese Sprüche klingen unglaublich, doch sie werden uns einen wichtigen Schlüssel zum EvThom liefern:

(18) Die Jünger sagten zu Jesus: Sage uns, wie unser Ende sein wird. Jesus sagte: Da ihr entdeckt habt den Anfang, warum sucht ihr das Ende? Denn da, wo der Anfang ist, wird auch das Ende sein. Selig, wer sich an den Anfang im Anfang halten wird, und er wird das Ende erkennen, und er wird den Tod nicht schmecken.
(19) Jesus sagte: Selig der, der war, bevor er wurde. [...]

Wie stellte man sich in weisheitlichen Kreisen den »Anfang im Anfang« vor? In Sap 7,17-18 lesen wir: »[Gott durch seine Weisheit] hat mir ja ein untrügliches Wissen der Dinge verliehen, [...und zwar über] Anfang, Ende und Mitte der Zeiten.« Und speziell im Anfang der Schöpfung spielt die Weisheit eine besondere Rolle: In Spr 8,22-23 offenbart uns die göttliche Weisheit: »Der Herr schuf mich, seines Waltens Erstling, als Anfang seiner Werke, vorlängst. Von Ewigkeit her bin ich gebildet, von Anbeginn, vor dem Ursprung der Welt.« Ähnlich wie die Schöpfung der Welt schätzte man auch die Schöpfung eines jeden Menschen ein. Die Seele, die zuerst bei Gott war, fließt bei der Entstehung des Leibes in diesen ein, so wie die göttliche Weisheit bei der Entstehung der Welt in diese einfloß. In der Weisheit Salomos ist die Entstehung des Menschen aus Sicht des Körpers und aus Sicht der Seele geschildert:

(Sap 8,19-20) Ich [der leibliche Mensch] war ein wohlveranlagter Jüngling und hatte eine gute Seele bekommen; oder vielmehr, weil ich [die Seele] gut war, war ich in einen unbefleckten Leib gelangt.

Die Weisheit ist der unverfälschte göttliche Urplan zur Schöpfung, der immer noch in der Schöpfung erkennbar ist. Und so liegt auch in der Seele ein menschliches Urbild verborgen, das noch ein wahres Ebenbild Gottes ist. Zum gewöhnlichen Menschen ist das göttliche Urbild eines Menschen ein krasser Gegensatz:

(84) Jesus sagte: Wenn ihr Eure Ebenbilder [im Sinne von Spiegelbildern[123]] seht, werdet ihr erfreut sein. Aber wenn ihr eure Ebenbilder seht, die vor euch existierten, die nicht sterben noch sich offenbaren, wieviel werdet ihr ertragen?

---

[123] Zöckler, Seite 217.

Schon Philo von Alexandrien hat gelehrt, dass der Mensch erlöst werden würde, wenn er zu jener Urgestalt zurückkehrt. Philos Erlösungslehre ist die beste Parallele zum »ewigen Ebenbild« in Logion 84. Philo schreibt...

...dass ein sehr großer Unterschied besteht zwischen dem Menschen, der jetzt gebildet wurde, und dem, der früher nach dem Ebenbilde Gottes geschaffen war; denn der jetzt gebildete Mensch war sinnlich wahrnehmbar, hatte schon eine bestimmte Beschaffenheit, bestand aus Körper und Seele, war Mann und Weib und von Natur sterblich; dagegen war der nach dem Ebenbilde Gottes geschaffene eine Idee oder ein Gattungsbegriff oder ein Spiegel, nur gedacht, unkörperlich, weder männlich noch weiblich, von Natur unvergänglich.[124]

Das EvThom fordert also, auch diesen Gegensatz zu überwinden und zur androgynen Urgestalt zurückzukehren[125], zu jenem Adam zu werden, der noch nicht in Mann und Frau aufgeteilt worden ist, welche ja danach erst den Sündenfall erlebten. In der Rückkehr zur androgynen Urgestalt wird vor allem auch die uranfängliche Spaltung überwunden: die Abkehr von Gott. Mit dieser Rückkehr werden alle Gegensätze überwunden (körperlich & seelisch - äußerlich & innerlich - männlich & weiblich - Anfang & Ende). Und mit dieser Rückkehr wird man wieder »voller Licht« (vgl. Logion 61)[126]. Ja, man wird sogar genau wissen, welche Bäume im Paradies stehen[127].

Zum Verhältnis von männlich und weiblich hat ein spezieller Spruch des EvThom großes Aufsehen erregt, weil er recht chauvinistisch klingt:

(114) Simon Petrus sagte zu ihnen: Maria soll aus unserer Mitte fortgehen, denn die Frauen sind des Lebens nicht würdig. Jesus sagte: Seht, ich werde sie ziehen, um sie

---

124 Nach Zöckler, Seiten 230-231: Zitiert aus Opif. mundi 134.

125 Crossan, Seite 359.

126 Vgl. Zöckler, Seiten 242-243.

127 Die 5 Bäume im Paradies (Logion 19) werden wir kaum identifizieren können, ohne wirklich im Paradies zu sein. Die Gnostiker interpretierten die 5 Bäume als 5 Glieder der Seele, als unsere 5 spirituellen Sinne (Puech 103). Anlaß ist wohl die Zahl 5 an sich, die seit jeher für die 5 Glieder des Körpers oder unsere 5 Sinne steht. In Entsprechung zu unseren weltlichen Eigenschaften soll auch unsere seelische Beschaffenheit 5-gliedrig sein. Die Basilidianer erkennen in den Bäumen νους, λογος, φρονησις, σοφια und δυν αμις (Puech 104). Die Manichäer haben die 5 Bäume ausgedeutet als νους, εννοια, φρο νησις, ενθυμησις und λογισμος (Puech 102). Da die Basilidianer die Tradition des EvThom eher fortgeführt haben als die Manichäer (die man nicht wirklich Christen nennen sollte), kann man deren Deutung vorziehen. Ihre Deutung ist vielleicht erst nachträglich in das Logion hinein interpretiert worden. Ich halte die Idee aber für klug, in den 5 Bäumen, die uns in das Paradies zurückversetzen sollen, 5 seelische Sinnesorgane für das Göttliche zu sehen, quasi 5 Sensoren für das Königreich.

männlich zu machen, damit auch sie ein lebendiger Geist wird, vergleichbar mit euch Männern. Denn jede Frau, die sich männlich macht, wird in das Himmelreich gelangen.

Doch wenn Philo von Alexandrien über »Geschlechter« schreibt, dann benutzt er das Wort so, wie wir heute »Prinzipien« verwenden würden:

Fortschritt ist nur möglich durch Aufhebung des weiblichen Geschlechts, indem man es ins Männliche verwandelt. Denn das weibliche Geschlecht ist materiell, passiv, körperlich, sinnlich, während das männliche aktiv, vernünftig, geistig und mit Denken und Geist verwandt ist.[128]

Das EvThom lässt keinen Zweifel daran, dass auch Männer unvernünftig handeln (z.B. Logion 64), also im Sinne Philos »weiblichen Geschlechts« sind. Ich glaube, wenn Jesus in Logion 114 seinen Jüngern ankündigt, dass Maria männlich werden wird, dann kündigt er für Maria – die hier eine Verfolgte ist (vgl. Logion 68) – eine Rückkehr zum Urbild an (die bei Männern wie Petrus noch lange nicht in Sicht ist). Petrus erscheint bereits in Logion 13 als vorschnell und auf dem falschen Weg. Ich halte Logion 114 für einen genialen Spruch, der Maria verteidigt und dem Leser den Irrtum des Petrus vorführt. Ob Petrus einsieht, dass auch er selbst noch zu seinem göttlichen Ebenbild zurückkehren muss, ist nicht überliefert.
Vielleicht verwendet Jesus im EvThom die Begriffe »männlich / weiblich« aber auch ganz anders. Oft genug spricht er davon, dass die Erwählten als Bräutigam ins Brautgemach eintreten werden (Logien 75 und 104). Wenn Sophia (die Weisheit) die Braut ist, dann müssen die Erwählten also einen männlichen Part spielen. Vielleicht ist ja auch das damit gemeint, wenn Maria zum »Mann« werden soll.
Wie dem auch sei: Um ins Königreich zu gelangen, muss man die Gegensätze in seinem Körper vereinigen – oder zumindest müssen sie miteinander »Frieden schließen« (Logion 48). So auch Leib und Seele, die voneinander »unabhängig« werden sollen:

(112) Jesus sagte: Wehe dem Fleisch, das von der Seele abhängig ist; wehe der Seele, die vom Fleisch abhängig ist.

Weder Leib noch Seele sind »elend«, wenn sie unabhängig vom anderen sind. Eine Variante dessen ist Logion 87. Dort wird erklärt, dass die Seele nicht vom Leib abhängig sein darf, wenn der Leib von einem anderen Leib abhängig sein kann. Aber jeder in Jesu Umfeld hätte dem zuge-

[128] Qaest. in Exodum I,8 (Nach: Zöckler, Seite 231)

stimmt. Problematisch war wohl eher die Forderung, der Leib soll unabhängig von der Seele werden. Sollte das ein Freibrief für hemmungslosen fleischlichen Genuss sein? In Logion 29 setzt sich Jesus mit der Meinung auseinander, der Leib sei um der Seele willen geschaffen worden, und nicht die Seele um des Leibes willen. Jesus teilt diese Meinung nicht ganz:

(29) Jesus sagte: (a) Wenn das Fleisch zur Existenz gelangt ist wegen des Geistes, so ist das ein Wunder. (b) Aber wenn der Geist zur Existenz gelangt ist wegen des Leibes, so ist das ein Wunder der Wunder. (c) Aber ich, ich wundere mich darüber, wie dieser große Reichtum in dieser Armut gewohnt hat.

Wenn Jesus im dritten Satz (c) betont, dass sogar er sich darüber wundert, wieso eine wertvolle Seele einen elenden Leib als Wohnung wählt, will er wohl damit sagen, dass er dieses Modell für recht unwahrscheinlich hält. Dann wären diese drei Sätze (a,b,c) eine Kritik daran, dass die Zuhörer Leib und Seele so unterschiedlich bewerten. Ich wage einmal eine »Übersetzung«:

a) Jesu Zuhörer glauben, das Fleisch sei zur Existenz gelangt wegen des Geistes. Sie halten es für ein Wunder, aber sie zweifeln es nicht an. b) Den umgekehrten Fall, dass der Geist für das Fleisch entstanden sein soll, halten sie für ein unmögliches Wunder, sie zweifeln es an. Damit legen sie sich fest, dass der Leib der Seele dient, und nicht umgekehrt. c) Jesus wundert sich aber darüber, warum die Seele den Leib als Wohnung gewählt hat, wenn er doch eigentlich nichts wert ist. Dies wiederum hält Jesus für unwahrscheinlich.

Der Mensch wird wohl erst Frieden finden, wenn die Seele nicht mehr unter dem Leib leiden muss (etwa bei zuwenig Gelegenheit zur Kontemplation), der Leib aber auch nicht unter der Seele leiden muss (etwa unter strenger Askese). Vielleicht meint Jesus die strenge Trennung von körperlichen und seelischen Angelegenheiten, wenn er in Logion 62 sagt: »Was deine Rechte tut, deine Linke soll nicht wissen, was sie tut.«

Ein weiterer Gegensatz, der im Königreich vereinigt wird, ist Bewegung und Ruhe. Ruhe (αναπαυσις), wie wir sie aus den weisheitlichen Schriften[129] kennen, ist ein Fachbegriff für jenes Geschenk, das die Weisheit den Weisen macht. Ruhe erhalten die Weisen nach ihrem Tode oder schon zu Lebzeiten. Ruhe ist auch ein Fachbegriff für das ewige Leben. Doch das Leben eines Weisen ist von seiner Suche nach Weisheit bestimmt, von einer inneren Unruhe[130]. Das Bedürfnis nach Weisheit wird

[129] Davies nennt folgende Schriftstellen: Sap 4,7; 8,13.16; 3,1-4; Sir 7,28; 51,26-27 (vgl. Logion 90). Davies, Kapitel 3.

[130] Zöckler, Seite 184.

nicht einmal gestillt und so für immer aufgehoben. Das Leben im Königreich ist ein harmonisches Nach- und Nebeneinander von Suchen und Finden. Bewegt ist es, weil der Weg der Erkenntnis ständig weiter führt; ruhig ist es, weil die Suche nach dem richtigen Weg zum Abschluß gekommen ist. Darum empfiehlt Jesus seinen Jüngern:

(50) Jesus sagte: Wenn sie zu euch sagen: [...] Wer seid ihr?, dann sagt: Wir sind seine Söhne, und wir sind die Erwählten des lebendigen Vaters. Wenn sie euch fragen: Welches ist das Zeichen eures Vaters in euch?, sagt zu ihnen: es ist Bewegung und Ruhe.

Wir haben nun gesehen, wie die Herrschaft im Königreich theoretisch aussieht. Doch welche Konsequenzen folgen daraus für das tägliche Leben?

Da Leib und Seele sich nicht gegenseitig beeinflussen sollten, wird Askese kaum einen spirituellen Nutzen bringen. Die Seele wird keinen Nutzen von der leiblichen Askese haben, es wäre nur zum Nachteil des Körpers. Auch die Beschneidung berührt nur den Körper, nicht aber den Geist:

(53) Seine Jünger sagten zu ihm: Ist die Beschneidung nützlich oder nicht? Er sagte zu ihnen: Wenn sie nützlich wäre, würde ihr Vater sie schon beschnitten in ihrer Mutter zeugen. Aber die wahre Beschneidung im Geist hat vollen Nutzen gehabt.

Wie soll die Beschneidung im Geist aussehen? In Logion 28 schildert Jesus, dass die Menschen von der Welt »betrunken« sind. Niemand unter ihnen ist »durstig«. Ihre Trunkenheit führt dazu, dass sie nichts mehr trinken wollen. Sie haben kein Bedürfnis mehr nach der spirituellen Suche, vermutlich, weil sie zu lange von der Welt »getrunken« haben. Sie haben von der Welt genossen, haben sich an ihr den Durst gelöscht und haben das Bedürfnis, das Königreich zu finden, betäubt. Aber sie können ihre spirituelle Blindheit abschütteln. Das wäre wohl auch die »Beschneidung im Geiste«.

Darum sollen die Jünger nicht weltlich fasten, sondern »gegenüber der Welt fasten« (Logion 27). Die wahre spirituelle Askese ist es also, die Welt nicht wichtig zu nehmen (Logien 36 und 42). Dazu gehört auch, die weltliche Askese nicht wichtig zu nehmen (Logion 74).

Daraus folgert aber auch, selbst die religiösen weltlichen Instanzen nicht wichtig zu nehmen. Den Pharisäern spricht Jesus die Kompetenz ab, auf der Suche nach dem Königreich hilfreich zu sein (Logien 39, 78, 102). Jesus empfiehlt, sich niemandem zu Füßen zu werfen, der ein normaler Mensch ist:

(15) Jesus sagte: Wenn ihr den seht, der nicht aus der Frau geboren ist, werft euch mit dem Angesicht zur Erde und betet ihn an; dieser ist euer Vater.

Auch die familiären Beziehungen dürfen die Suche nach dem Königreich nicht beeinträchtigen. Jesus fordert die radikale Loslösung von den Eltern[131]. Die wenigen unter uns, die tatsächlich ins Königreich eintreten werden, werden dies ziemlich einsam tun[132]. Diese Welt ist einfach nicht der richtige Verbündete bei dieser Suche. Nur unser eigenes inneres Wesen kann das Königreich finden, denn nur dort können wir uns dem göttlichen Urbild vom Menschen – und damit dem Ebenbild Gottes – direkt nähern.
Andererseits misst Jesus dem äußeren Verhalten des Menschen einen hohen Wert zu, weil es nämlich genaue Auskunft über sein inneres Wesen gibt (Logion 46). Wir müssen das unbedingt genau trennen: Das Äußere, das vom Inneren des Menschen herrührt (also jede »Äußerung«) ist ausschlaggebend. Das Äußere, das nicht von seinem eigenen Inneren stammt, ist für seinen Zustand belanglos...

[...] Denn das, was in euren Mund hineingeht, wird euch nicht beflecken; aber das, was euren Mund verlässt, das ist es, was euch beflecken wird. (Logion 14)

Im Rahmen der zahlreichen ethischen Anweisungen im EvThom (Logien 6, 14, 25, 26, 33, 45, 95 u.a.) kann man auch das Logion 22 deuten: »...und wenn ihr das Innere wie das Äußere macht und das Äußere wie das Innere [...], dann werdet ihr in das Königreich eingehen.« (Man könnte das »Äußere« mit »Äußerungen« übersetzen.) Doch dieses Bild lässt sich ebenso für die Rückkehr zum göttlichen Urbild des Menschen verwenden und gehört wohl zu den gewollt mehrdeutigen Motiven im EvThom.

c) Der Brunnen im Königreich

Die meisten Motive und Begriffe des EvThom habe ich bereits vorgeführt. Nun will ich sortieren, wie das EvThom die tiefste Wirklichkeit und den tiefsten Sinn unseres Lebens, dieser Welt und der Person Jesu versteht.
In einigen Logien schildert Jesus, welche Strategie das Königreich verfolgt[133]. Das Königreich ist geradezu verschwenderisch ausgebreitet. Gott selbst sortiert nicht unter den Menschen aus, nur wenden sich die meisten Menschen dem Königreich nicht zu (Logion 9). Die Menschen sortieren sich auf diese Weise selber aus. Trotzdem ist die verschwenderische Aus-

[131] Logien 55, 99, 101.
[132] So in den Logien 4, 23, 31, 49, 66, 73, 75 und 86.
[133] z.B. Logien 9, 96, 97, 98, 107

saht eine gute Investition. Denn die wenigen Fälle, in denen der Samen fruchtet, bringen einen unvorstellbaren Gewinn ein (9). Das Königreich ist also ein üppiges Angebot an göttlicher Weisheit, das nur die Wenigsten annehmen, weil es auch nur sehr schwer zu erkennen ist. Und auch dies ist irgendwie gut so, das Verhältnis ist genau richtig:

(96) Jesus sagte: Das Königreich des Vaters ist gleich einer Frau. Sie nahm ein wenig Sauerteig, verbarg ihn in dem Teig und machte davon große Brote. Wer Ohren hat, der höre.

Das Königreich ist also gar nicht darauf ausgerichtet, viele Menschen zu erleuchten; es wird nur wenige erreichen, auf diesem Wege aber einen riesigen Gewinn einbringen (9). Auch, dass es in der Welt kaum zu erkennen ist, macht seinen Wert aus (96). Das macht es zu einer guten Schule der Erkenntnis.

Die Welt ist also ein geeignetes Umfeld, um das Königreich zu finden. Doch eher existiert das Königreich im Inneren des Menschen. Dort vollzieht es sich, dort liegt sein eigentliches Geheimnis verborgen, denn...

(67) Jesus sagte: Wer das All erkennt, sich selbst aber verfehlt, der verfehlt das All.

Dies hängt gewiss damit zusammen, dass im Inneren des Menschen, und zwar im verborgenen Urbild des Menschen, immer noch das Ebenbild Gottes vorhanden ist. Durch die Welt als Schöpfung kann man zwar Gottes Weisheit erkennen, aber im eigenen Inneren kann man Gott selbst erkennen!

Vgl. dazu Logion 24: [...] Er sagte zu ihnen: Wer Ohren hat, der höre! Es ist Licht im Inneren des Menschen des Lichts, und er erleuchtet die ganze Welt. Wenn er nicht scheint, das ist die Finsternis.

Es ist mir wichtig, das Licht nicht nur zu einem weiteren Symbol für die Weisheit zu erklären[134]. In der »Weisheit Salomos«, die scheinbar eine Quelle der meisten Motive im EvThom ist, ist die Weisheit nur ein Spiegel des Lichts:

Sap 7,26: [Die Weisheit] ist ein Abglanz des ewigen Lichtes, ein fleckenloser Spiegel des göttlichen Wirkens und ein Abbild seiner Güte.

---

[134] Davies, Kapitel 3, führt recht viele Motive, so auch das Licht, darauf zurück, dass sie die Weisheit bedeuten.

Wenn man diese Schriftstelle ernst nimmt, dann ist das Licht kein Abbild wie die Weisheit; das Licht ist das göttliche Wirken und die göttliche Güte selbst. Das Licht ist kein Modell, keine Lehre, keine Vermittlung, es ist »ewig« und aus sich selbst entstanden[135]. Ins Licht zu sehen bedeutet, nach Gott zu sehen.
Das tiefste Verständnis dazu ermöglicht uns Logion 83:

(83) Jesus sagte: Die Bilder sind dem Menschen offenbart, und das Licht, das in ihnen ist, ist verborgen im Bild des Lichtes des Vaters. Es wird sich offenbaren, und sein Bild ist durch sein Licht verborgen.

Das ist schwer verständlich. Was ist jetzt worin verborgen? Die vordergründigste Ebene sind die »Bilder«, in denen das Licht des Vaters verborgen ist. Das Licht (als zweite Ebene) ist hinter seinem Bild (der ersten Ebene) verborgen, doch es gibt noch eine dritte Ebene: Hinter dem Licht wiederum ist das Bild des Vaters verborgen. Dieses Bild, vielleicht sein Antlitz, gehört nicht zur ersten vordergründigen Ebene. Das Licht fließt also vom Bild des Vaters aus zu uns und ist hier in den Bildern verborgen, die »dem Menschen offenbart« sind.
Ich wage also die Vermutung, dass die vordergründige Ebene aus den weltlichen Dingen besteht, aus »Bildern«. Zu dieser selben Ebene gehören auch Bilder »des Lichtes des Vaters«, das mögen im Sinne des EvThom weisheitliche Lehren sein. Hinter dieser Ebene ist das Licht selbst, das auch in uns ist. Wenn wir darüber sprechen wollen, könnten wir das nur auf der ersten Ebene – man dringt aber tiefer zu Gott vor, wenn man im eigenen Inneren, ohne es zu besprechen, das Licht sucht. Doch hinter das Licht, in Gottes Antlitz selbst, können wir nicht schauen. Das Licht blendet uns vielleicht zu stark.
Es ist also besser, die Konzentration nicht auf die Welt zu verschwenden. Mit der Welt sollte man sich nur soviel abgeben, wie es sein muss[136]. Darum werden wohl auch die Armen selig gepriesen[137]: weil sie ihr Herz nicht an diese Welt hängen werden.
Hier entscheidet sich unser Schicksal zwischen Leben und Tod. Die Welt mag uns eine gute Schule zur Erkenntnis sein, aber an sich ist sie wertlos.

---

[135] So Logion 50: »Es hat sich aufgestellt«. Anders hingegen ist die Weisheit nicht aus sich selbst entstanden, sondern von Gott geschaffen worden.

[136] Logion 95 ist besonders interessant: Wer Geld übrig hat, dass er es verleihen könnte, sollte es ganz fortgeben. Damit hätte er sich die Sorge erspart. Privatbesitz muss man nirgendwo fortgeben – nur würden derlei Geschäfte eben die Aufmerksamkeit rauben (so auch bei Logion 64).

[137] Logion 54. Ähnlich: 58.

Die Erkenntnis selbst finden wir nur in unserem Inneren. Jesus ist da radikal:

(56) Jesus sagte: Wer die Welt erkannt hat, hat einen Leichnam gefunden; und wer einen Leichnam gefunden hat, dessen ist die Welt nicht würdig.

In Logion 80 steht der selbe Spruch, nur ist die Welt dort kein »Leichnam«, sondern ein »Leib«. Dies ist zum einen ein bekanntes Wortspiel[138], zum anderen wäre die Welt damit ein Leib, der eine Seele braucht: die Weisheit Gottes.
Wer sich ganz in der Welt einrichtet, wird von ihr assimiliert, wird selbst zum Leichnam (wie in 60), stirbt unverzüglich den spirituellen Tod:

(63) Jesus sagte: Es war einmal ein reicher Mann, der hatte viel Besitz. Er sagte: Ich werde mein Vermögen benutzen, um zu säen, zu ernten, zu pflanzen, meine Speicher mit Früchten zu füllen, auf dass mir nichts fehle. So waren seine Gedanken in seinem Herzen; und in dieser Nacht starb er. Wer Ohren hat, der höre.

Bemerkenswert ist doch wohl, dass der Mann genau dann stirbt, sobald er glaubt, dass es ihm an nichts fehlen wird. Damit dürfte wohl eher der spirituelle als der physische Tod gemeint sein. Denn Logion 57 deutet an, dass Unkraut und Weizen, also spirituell Tote wie Erleuchtete, beide eine Zeit lang gedeihen, um dem Erleuchteten eine möglichst gute Entwicklung zu ermöglichen. Doch ein Tag wird kommen, an dem das Unkraut ausgerissen und verbrannt wird. Die Unterscheidung der Menschen in Lebendige und Tote wird »Feuer« genannt.

(10) Jesus sagte: Ich habe Feuer auf die Welt geworfen, und siehe, ich bewahre es, bis sie brennt.
(16) Jesus sagte: Vielleicht denken die Menschen, dass ich gekommen bin, um Frieden auf die Welt zu werfen; und sie wissen nicht, dass ich gekommen bin, Uneinigkeiten auf die Welt zu werfen, Feuer, Schwert, Krieg. Denn es werden fünf sein, die in einem Haus sein werden: drei werden gegen zwei und zwei werden gegen drei sein, der Vater gegen den Sohn, der Sohn gegen den Vater, und sie werden als Einzelne dastehen.

Das Feuer bewirkt, dass die Menschen sich streiten werden. Und das ist gut so, denn die Entscheidung für das Königreich muss eindeutig und kompromisslos sein (Logion 47). Jesus begreift seine eigene Lehre als den

[138] Die koptischen Begriffe für »Leichnam« und »Leib« sind dieselben wie im Griechischen und klingen ziemlich ähnlich: πτωμα und σωμα. Auch bei Lk 17,36 und Mt 24,28 entsprechen sich diese beiden Begriffe. Nach: Davies, Kapitel 4.

Maßstab des Feuers. Sie verurteilt das Verhaftet-sein an der Welt als spirituellen Tod, andererseits bietet sie auch die Möglichkeit, in das Königreich zu gelangen:

(82) Jesus sagte: Wer mir nahe ist, der ist dem Feuer nahe, und wer fern von mir ist, ist fern vom Königreich.

Als Feuer würde ich im EvThom auch die absolute Notwendigkeit verstehen, in das Königreich zu gelangen, da der physische Körper nicht zu retten ist[139], und wer sich nicht in das Königreich rettet, wird nicht überleben können. In Logion 21 vergleicht Jesus seine Jünger mit Kindern, die auf einem fremden Feld spielen – nämlich in dieser Welt. Wenn die »Herren des Feldes« kommen, müssen sie ohnmächtig zurückweichen. Wenn also der physische Tod naht, kann man ihn nicht aufhalten. Angesichts dessen sollte man sich mit einer »großen Kraft gürten«, vermutlich der Weisheit und so mit dem Königreich[140].

Wir werden im Folgenden sehen, welche Kraft damit in letzter Konsequenz gemeint ist, nämlich, dass Jesus nichts geringeres empfiehlt, als selbst zur Weisheit Gottes zu werden, zum Brunnen des Königreichs.

Zum Ersten gibt es keinen Zweifel, dass Jesus im EvThom die jüdische Idee der personifizierten Weisheit aufgreift und sich selbst als eben diese ausgibt:

Logien 17 – 18	entspricht	Spr 8,22-28 (auch 1Kor 2,7-10!) (Weisheit als uranfängliche Partnerin bei der Schöpfung)
Logion 23	entspricht	Sap 7,27 (die Weisheit inkarniert immer wieder, aber höchst selten, unter den Menschen.)[141]
Logion 90	entspricht	Sir 51,26-27 (Jesus / Weisheit: mein Joch ist angenehm und ihr werdet Ruhe finden.)
Logien 38 & 92	entspricht	Spr 2, 23.28 (Jesus / Weisheit droht den Menschen mit Rückzug)[142]
demgemäß also:		
Jesus	entspricht	der personifizierten Weisheit

[139] Siehe Logien 40 und 71.

[140] vgl. auch Logion 103, wo der Mensch wörtlich »sein Königreich sammle«, damit die Räuber nicht ins Haus eintreten können.

[141] Zöckler, Seite 132.

[142] Davies, Kapitel 5.

Im EvThom wird die Weisheit zwar nicht als »Sophia« erwähnt, wohl aber als der »heilige Geist«, der sie auch schon in der »Weisheit Salomos« ist[143]. Das EvThom erzählt weniger davon, dass es jemandem schicksalhaft vorbestimmt wäre, ob er die Weisheit personifiziert oder nicht. Vielmehr kann jeder zur Weisheit werden, wenn er sie in sich aufnimmt. In den Logien 7, 11 und 22 klingt es bereits etwas vage an: Wer Weisheit trinkt / isst / in sich aufnimmt, wird selbst zur Weisheit. Erst in Logion 13 führt Jesus deutlich vor, dass Thomas von der Weisheit getrunken hat, und darum Jesus nicht mehr sein Meister ist:

(13) Jesus sagte zu seinen Jüngern: Vergleicht mich, sagt mir, wem ich gleiche. [...] Thomas sagte zu ihm: Meister, mein Mund wird es absolut nicht zulassen, dass ich sage, wem du gleichst. Jesus sagte: Ich bin nicht dein Meister, denn du hast dich berauscht an der sprudelnden Quelle, die ich ausgemessen habe. [...]

Auch dieser rätselhafte Spruch kann durch weisheitliche Literatur erklärt werden:

Baruch 3,12: Du [Israel] hast den Quell der Weisheit verlassen.
Sir 15,3: [...] und mit dem Wasser der Klugheit tränkt [die Weisheit] [den, der den Herrn fürchtet].
Sir 24, 21: [...] wer von mir [, der Weisheit,] trinkt, wird weiter nach mir dürsten.
Sir 39, 6: Wenn der große Gott es will, wird [der Gottesfürchtige] mit dem Geiste des Verständnisses erfüllt werden. Er wird Worte der Weisheit strömen lassen (aus seinem Mund) [...]

Und ganz folgerichtig sagt Jesus in Logion 108: »Wer von meinem Munde trinkt, wird werden wie ich, und ich werde wie er, und die verborgenen Dinge werden sich ihm offenbaren.« Hier wird die Essenz seiner Lehre deutlich: Mit einem geringeren Status als der Identität mit der göttlichen Weisheit sollte sich niemand zufrieden geben; der Jünger soll selber zur Quelle werden:

(74) Er sagte: Herr, es sind viele um den Brunnen, aber keiner ist in dem Brunnen.

Jesus spielt also durchaus eine wichtige Rolle im EvThom. Obwohl er nirgendwo als Messias oder Christus bezeichnet wird, ist er doch die personifizierte Weisheit und als solche voller »Licht«, er ist das »All«, der Ursprung des Alls, er ist überall anwesend, er ist der Bräutigam, der allein

[143] Von Lips, Seiten 146-147: Sap 1,5.6; 7,7.22; 9,17. Dazu vergleiche Logion 44, wo dem heiligen Geist eine bemerkenswerte Priorität zugesprochen wird.

ins Brautgemach treten kann, er ist ein Sohn Gottes, verfügt über die Gabe des Lebens und somit wird er schon im Prolog »der Lebendige« genannt[144].

Doch kaum einer dieser Titel ist Jesus alleine vorbehalten. Wir haben gesehen, dass man selber wie Jesus werden soll, und so würde man selber zu den »Söhnen Gottes« gerechnet werden[145]. Besonderer Beachtung verdient der Begriff »Menschensohn«. Er taucht in den Logien 86 und 106 auf. Crossan ist der Meinung, Jesus verwendet den Begriff nicht viel anders, als er zuerst bei Daniel verwendet wurde[146], nämlich als bloße Bezeichnung eines menschlichen Wesens. Crossan macht geltend, zur Zeit Jesu hätte man mit dem Begriff indirekt »Ich selbst« gesagt[147]. Da hat er sicher Recht, doch Jesus verwendet den Begriff nun anders, nämlich, um die Erwählten Gottes unter den anderen Menschen hervorzuheben:

(106) Jesus sagte: Wenn ihr aus zwei eins macht, werdet ihr Söhne des Menschen werden; und wenn ihr sagt: Berg, gehe weg, wird er sich weg bewegen.

Mit diesem Begriff wird also eher ausgedrückt, dass Gott Menschen zu seinen Söhnen macht, sie also adoptiert. Denn sie sind nicht als Götter auf die Welt gekommen. Sie sind Menschen und bleiben es auch noch als Söhne Gottes.

---

144 Siehe Prolog und Logien 50, 59, 104, vor allem aber 77.

145 Logion 106.

146 Bei Daniel, der Wiege dieses Begriffs, tauchen in einer Vision verschiedene Gestalten auf: »einem Löwen ähnlich«, »wie ein Panther«, und schließlich auch jemand »wie ein Menschensohn«. Der Begriff sollte lediglich besagen, dass die Gestalt wie ein Mensch aussieht. (siehe auch Crossan, Seite 325)

147 Sein Beispiel ist der Satz: »Bei so einem Wetter würde man doch keinen Hund vor die Tür jagen.« Das Wort »man« steht zwar für »irgendein Mensch«, wird aber sinngemäß für »ich« verwendet. (Crossan, Seite 329)

4. Der Ursprung des EvThom

Uns berühren hier die Anfänge. Und deren Untersuchung für die Geschichte des Christentums von Edessa hat uns mit einer Gründung bekannt gemacht, die mit ausgesprochenem Ketzertum beginnt.

Walter Bauer[148]

Der Papyrus Oxyrhynchus 1, ein ägyptisches Papyrusfragment des EvThom, wurde auf 200 n.Chr. datiert. Wir nehmen an, dass das EvThom zuerst in Syrien populär geworden und dann nach Ägypten gelangt ist. Wir schätzen, dass eine solche Verbreitung des EvThom zwei Generationen gedauert hat, also wäre das EvThom spätestens 140 n.Chr. verfasst worden[149]. Dies ist der »terminus ad quem«: Später kann das EvThom nicht entstanden sein. Doch wir brauchen noch einen »terminus a quo«: Wann ist das EvThom frühestens entstanden?

Schriften des Urchristentums lassen sich schwierig datieren. Sie haben sich scheinbar laufend verändert und waren oft auch noch in verschiedenen Versionen zugleich bekannt[150]. Auch das EvThom hat sich laufend entwickelt. Die koptische Abschrift ist auf spätestens 350 n.Chr. datiert[151], und auch hier hat der letzte Abschreiber noch geringfügige Änderungen vorgenommen[152].

Für die nähere Datierung ist die Einordnung in die apostolische Tradition wichtig. Das EvThom beruft sich – wie viele frühchristliche Schriften[153] – auf Jakobus, den Herrenbruder. Jakobus war auch außerhalb des EvThom die unumstrittene Autorität der Urchristen[154]. Im Jahre 62 wurde er hingerichtet[155]. Danach – bis zum Ende des ersten Jahrhunderts – begann eine Zeit, in der sich die einzelnen christlichen Gruppen auf unterschiedliche Apostel beriefen. In dieser Zeit berichtet man noch über Streitfälle zwischen den Aposteln. Später, nach 100 n.Chr., werden die Apostel nostalgisch verklärt und erscheinen nur noch als die harmonische Gemeinschaft

[148] Bauer, Seite 48.

[149] Patterson, Seiten 113-114.

[150] Patterson, Seiten 114-115, hat beeindruckend zusammengefasst, welche abwechslungsreiche Geschichte etwa das Markus-Evangelium hinter sich hat.

[151] Valantasis, Seite 3; Davies, Kapitel 1.

[152] Patterson, Seite 32.

[153] Vgl. 1 Kor 15,7; Hebräer-Evangelium Spruch 7. Nach: Crossan, Seite 339.

[154] Siehe dazu Köster, Seite 128.

[155] Dies lässt sich aus den Angaben des Josephus (»Antiquitates« 20. 197-203) schließen. Nach: Patterson, Seite 117, Anmerkung 14.

der Zwölf[156]. Von dieser Warte aus müssen Sprüche, in denen sich immerhin Petrus und Matthäus angeblich irren[157], noch im ersten Jh. verfasst worden sein. Doch wahrscheinlich existierte die Sammlung als solche noch viel früher, und ihr wurden im Lauf der Zeit einige Sprüche hinzugefügt.

Die eigentümliche Form einer Sammlung weisheitlicher Sprüche, von Robinson »logoi sophon« getauft, ist nämlich die Urform christlicher Überlieferung[158]. Mit ihr hatten die Christen eine uralte literarische Gattung aufgegriffen[159]. Das EvThom teilt diese Gattung mit anderen Spruchsammlungen wie der Logienquelle oder Markus 4. Doch die Christen wandten sich von dieser Gattung schnell wieder ab[160]. Gattungsgeschichtlich können wir das EvThom also – ähnlich wie die Logienquelle Q – nicht später als 60 n.Chr. datieren[161].

Kloppenborg hat darauf aufmerksam gemacht, dass Q nicht aus einem Guss ist. Er unterscheidet drei Schichten in Q. Die älteste Schicht soll weisheitlich sein, die zweite Schicht umfasst den apokalyptischen Stoff, eine Einleitung soll in einer letzten Schicht hinzugefügt worden sein[162]. Da im EvThom noch kein apokalyptischer Stoff existiert, entspricht das EvThom der ältesten Schicht in Q – ist also älter als Q im Ganzen!

Die Sprüche im EvThom, die eine Parallele zum NT haben, stehen in einer ganz anderen Reihenfolge als im NT. Das ist oft als ein Hauptargument dafür verwendet worden, dass das EvThom die gemeinsamen Quellen von EvThom und NT völlig eigenständig tradierte – unabhängig vom NT[163]. Die Sprüche im EvThom haben aber durchaus ein ordnendes Prinzip: die meisten Sprüche haben mit ihren »Nachbarn« ein gemeinsames Stichwort. Dahinter steckt kein theologisches Prinzip. Die Sprüche sind lediglich so geordnet worden, wie man sich am besten an sie erinnern konnte. Durch das gemeinsame Stichwort erinnert der Spruch an

---

[156] Patterson, Seite 116. Er beruft sich auf Kösters »Introduction to the Gospel of Thomas«. Seiten 40-41 und 152-153.

[157] Logien 13 und 114.

[158] Köster, Seite 129.

[159] Im Judentum stellt diese Gattung hinreichend viele Vertreter. Doch auch außerhalb des Judentums gibt es »logoi sophon«, die das Judentum inspiriert haben. So stammt Spr 22,17-24,22 aus der ägyptisch-weisheitlichen Spruchsammlung des Amen-em-Opet (Davies, Kapitel 1) und auch Sammlungen aus Mesopotamien wie die Achikar-Sammlung (Robinson, Seite 103) wurden von Juden aufgegriffen.

[160] Patterson, Seiten 117-118, Anmerkung 16.

[161] Crossan, Seite 564, gibt an, Q wäre während der fünfziger Jahre, wahrscheinlich in Galiläa, verfasst.

[162] So fasst Crossan, Seite 565, Kloppenborgs Theorie in aller Kürze zusammen.

[163] Davies, Kapitel 1, verweist auf Montefiore: »Thomas and the Evangelists« (Montefiore / Turner, 1962).

einen folgenden[164]. Im EvThom sind die Sprüche so aufgeschrieben, wie Wanderprediger sie auswendig gelernt und mündlich überliefert haben. Vom NT wurde nichts abgeschrieben. Die synoptischen Quellen sind vielmehr nur ein Bruchteil der Quellen des EvThom[165].

Ein weiteres Argument für die Unabhängigkeit des EvThom vom NT ist, dass es kaum einen redaktionellen Einfluss wie irgendein Evangelium des NT aufweist. Man hat mitunter den Eindruck, im EvThom beschränke sich der redaktionelle Einfluss darauf, nur einige weitere Sprüche der Sammlung zuzufügen. Somit entstammt das EvThom relativ unverfälscht dem Wanderradikalismus, der eigentlichen Lebensweise Jesu und seiner ersten Jünger. Vielleicht waren die ersten Thomas-Christen noch Wanderprediger, wie es Theißen vermutet[166]. Das EvThom stammt unter den vielen Traditionen, die sich apostolisch nennen, vielleicht also wirklich von Aposteln[167]. Die sogenannten »Dubletten« schwächen den Verdacht jedenfalls nicht ab[168]. Ich stimme Crossan zu, dass das EvThom zum Großteil bereits in den 50er Jahren unter Jakobus in Jerusalem entstanden ist[169].

Einiges spricht dafür, dass Q und EvThom in geographisch verschiedenen Gebieten entstanden sind[170]. Q wurde apokalyptisch weiterentwickelt, das EvThom nicht – obwohl die Apokalyptik von der Weisheit nicht allzu sehr entfernt ist[171].

Der theologische Ursprung des EvThom geht über Jesus hinaus auf weisheitliche Literatur zurück[172], aber nur auf jene reformierte Weisheit, die

---

[164] Die Verknüpfung durch Stichworte erfüllt also eine mnemonische Funktion. (Zöckler, Seite 111). Patterson hat eine sehr gute Übersicht angefertigt, wie die »catchword«-Verknüpfungen im gesamten EvThom aussehen. (Patterson, Seiten 100-102.)

[165] Schröter, Seiten 136-137.

[166] Patterson, Seite 156, verweist auf G. Theißens Aufsatz: »Wanderradikalismus« in ZThK 70 (1973) Seiten 245-271.

[167] Köster, Seite 125.

[168] Cullmann, Spalte 328, bezeichnet die Paare 48 & 106, 51 & 113 (& 3?) sowie 80 & 110 als Dubletten. Cameron, Seite 536, vermutet in den Evangelien der Hebräer und der Ägypter jene zwei Quellen des EvThom, aus denen sich die Dubletten erklären lassen. Ich glaube, diese Theorie hält sich nur deshalb so hartnäckig, weil wir diese beiden Evangelien eigentlich gar nicht kennen. Die »Dubletten« mögen durchaus verschiedene Erinnerungen an einen Spruch sein, aber sie erfüllen im EvThom die Funktion, Motive und Symbole miteinander zu verknüpfen und so auszulegen. Und die Theologie des EvThom ist an keiner Stelle etwa zwiespältig.

[169] Crossan, Seite 563.

[170] Köster, Seite 127, siedelt Q in Westsyrien und EvThom in Ostsyrien an.

[171] Robinson, Seite 105, hat darauf hingewiesen, dass die Weisheit von vielen apokalyptischen Inhalten genährt wurde und beide Richtungen so eng miteinander verwandt sind, dass sich leicht eine Form in die andere verändern kann.

[172] Zöckler, Seite 15, nennt die Bücher Sap, Sir und Spr als die Quellen des EvThom.

nach der göttlichen Weltordnung forscht, nicht auf die alte lebenskundliche Weisheit eines Tun-Ergehen-Zusammenhangs[173]. Zudem greift das EvThom auch rabbinische Erzählungen auf[174] und verwendet sie für seine Zwecke. Und es sieht so aus, als stammen die so entstandenen Sprüche tatsächlich von Jesus[175].

Das kann niemanden verwundern. Von Rad hat bereits festgestellt, dass zur Zeit Jesu das Judentum »mehr oder minder weisheitlich«[176] geprägt war. Jesus hat sich besonders den weisheitlichen Strömungen geöffnet, die es im eher hellenistisch beeinflussten Diaspora-Judentum gab. Auch das entspricht der galiläischen Kultur seiner Umgebung[177]. Ein Grundzug dieses hellenistischen Judentums ist es, die Weisheit als eigenständige Hypostase besonders zu betonen[178] – und als eben diese Hypostase verstand sich Jesus. Dieses jüdisch-hellenistische Klima ist die »intersection of cultures«[179], aus der Jesus und nach ihm das EvThom heranwuchsen.

Der Prolog des EvThom nennt Thomas etwas umständlich »Didymus Judas Thomas«. Das bietet uns einen wichtigen Hinweis zum Ursprung des EvThom. Ein Eigenname ist eigentlich nur »Judas«. Die beiden anderen Wörter bedeuten »Zwillingsbruder« – einmal im Griechischen[180] und einmal im Aramäischen[181]. Wir können annehmen, dass die Person Judas hieß, und von Aramäern mit dem Zusatz »Thomas« als der Zwillingsbruder Jesu ausgewiesen wurde. (Judas als Bruder Jesu wurde von der späteren Orthodoxie gerne unterschlagen[182].) Als das EvThom auch in griechischer Sprache überliefert wurde, musste man das Wort »Thomas«,

---

[173] Dieser lebenskundliche Zusammenhang, dass Gott es dir so ergehen läßt, wie du selbst getan hast, wurde in den Büchern Hiob und Prediger so stark angezweifelt, dass man sagen kann, die klassische Weisheit ist mit Hiob und Prediger zum Erliegen gekommen. Von da ab hat sich die Weisheit eher mit der allgemeinen Weltordnung beschäftigt. (von Lips, Seiten 99-100)

[174] Siehe Logion 109, das Zöckler (Seite 154) mit einem Midrasch zum Hohelied erklärt.

[175] Zusätzlich zu den Sprüchen, die auch eine Parallele im NT haben, wird auch vielen anderen weisheitlichen Sprüchen, darunter auch 109 (vgl. Midrasch!), von der breiten Mehrheit der Gelehrten Authentizität zuerkannt. Darunter die Logien 9, 57, 63, 64, 65, 76, 96, 107, 109. (Davies, Kapitel 1)

[176] Von Rad: »Theologie«, Band I, vierte Auflage 1962, Seite 455. Zitiert nach: Von Lips, Seite 184.

[177] Von Lips, Seite 190.

[178] Von Lips, Seite 165.

[179] Cameron, Seite 536, nutzt diesen Ausdruck, um den Ausdruck »Christian beginnings« mit Inhalt zu füllen.

[180] Griechisch: διδυμος.

[181] Aramäisch: te'oma (Zöckler, Seite 19)

[182] Bei Mk 6,3 wird Judas noch als Herrenbruder ausgewiesen, im Judasbrief (Vers 1) hingegen wird dieser Umstand bereits verschleiert.

das einem Griechen als ein Eigenname erscheinen musste, mit dem Begriff »Didymus« erklären. Der Ausdruck Didymus Judas Thomas weist also auf einen aramäischen Ursprung hin und eine spätere Überlieferung in einem griechisch sprechenden Umfeld[183].

Doch es weist auch auf die Stadt Edessa hin, denn die hier entstandenen Thomasakten haben als einzige Schrift den Begriff »Didymus Judas Thomas« weiter überliefert[184]. Wie verträgt sich Edessa mit der Urgemeinde um Jakobus in Jerusalem? Es sieht so aus, als hätte die Urgemeinde in Jerusalem bereits bis nach Edessa missioniert[185], das fortan das Zentrum aller aramäischen Christen wurde[186]. Welche Personen als erste das Christentum nach Edessa brachten, können wir nicht ganz bestimmen[187], aber das EvThom macht einen derart archaischen Eindruck, dass es wohl eher als manch andere Tradition wirklich von dem Apostel stammt, auf den es sich beruft[188].

Das Modell, das unsere Fakten am besten erklärt, ist also: Unter Jakobus lebten die Jünger Jesu weiterhin als umherziehende Wanderprediger, mit Zentrum in Jerusalem, und überlieferten mündlich die Sprüche Jesu. Irgendwann schrieb man das Repertoire auf. Nachdem Jakobus tot war, zogen einige Jünger mit Thomas nach Edessa, wo sie auf günstigere Bedingungen trafen. Dort konnten sie noch längere Zeit als Wanderprediger verbringen[189]. Dort wurden der Spruchsammlung noch ein paar Änderungen zugefügt, doch im wesentlichen blieb sie in der Gestalt, wie sie unter Jakobus entstanden ist[190].

---

183 Schon Qusipel hat den aramäischen Ursprung des EvThom erkannt. Nach: Köster, Seite 122.

184 Zöckler, Seite 21.

185 Quispel verweist auf Jean Cardinal Daniélou, der im Buch »The Crucible of Christianity« die Ebioniten für die wahren Nachfolger der Urgemeinde um Jakobus hält. Nach Daniélou haben die Urchristen ihren Glauben bereits nach Ägypten, Kleinasien, Karthago, Rom und Edessa getragen. (Quispel, Seite 266)

186 Quispel, Seite 263.

187 Quispel, Seite 267, hält die Gestalt des Juden Addai, die wir aus der Abgarlegende kennen, für eine historisch glaubwürdige Gestalt. Bauer, Seite 9, hält auch den jüdischen Namen Tobias, der gemäß der Abgarlegende in Edessa wohnt und dort zwischen Abgar und den Christen vermittelt, für einen Hinweis auf das Judentum. Beide Anregungen gehen in die Richtung, das Judentum als den günstigen Nährboden in Edessa zu vermuten, in dem das Christentum Fuß fassen konnte. Ich finde auch bemerkenswert, dass in der Abgarlegende selbst die Orthodoxie, die vom EvThom wenig hält, trotzdem Thomas als den Apostel benennt, der Edessa die wahre Lehre bringt. (Die Abgarlegende ist in Eusebs »Kirchengeschichte« I, 13 aufgeschrieben.)

188 So auch Köster, Seite 126.

189 Patterson, Seite 156, erläutert, welche sprachlichen und kulturellen Vorzüge Edessa hatte.

Edessa war seit jeher eine Stadt der Koexistenz verschiedener Religionen. Im ersten Jahrhundert sicherten sich die lokalen Herrscher mit geschickter Politik den Status einer Pufferzone zwischen dem römischen und dem parthischen Imperium[191]. Hier musste Thomas nicht befürchten, das Schicksal seiner Brüder Jesus und Jakobus zu teilen. Gewiss war Edessa auch kulturell ein optimaler Nährboden für die Thomas-Christen[192].
Das Christentum hat in Edessa erst ab 100 n.Chr. erste Spuren hinterlassen[193]. Drijvers schreibt, die ersten Christen wären Marcioniten und Bardesaner gewesen. Diese Gruppen kommen aber erst für viele Jahre später in Betracht[194]. Ihre Vorgänger waren wahrscheinlich die Thomas-Christen. Bardesanes (lebte 154-222 n.Chr.) sollte man nicht allzu schnell als Gnostiker abtun. Er leugnete zwar die Auferstehung des Leibes, aber deswegen ist er nicht unbedingt ein Gnostiker[195]. Die Bardesaner sind in Edessa entstanden[196], haben die Thomas-Tradition aufgegriffen und vermutlich die Thomasakten verfasst[197].
Im dritten Jh. kamen auch die Manichäer nach Edessa. Auch sie griffen die Thomas-Tradition auf und nannten die 20 Psalmen ihres Psalmbuches »Thomas-Psalmen«.
Die spätere Orthodoxie erschien erst in Gestalt eines gewissen Palut um etwa 200 in Edessa[198]. Diese Handvoll »Palutianer« fand sich in der misslichen Lage, dass die »Christen« von Edessa sich aus Bardesanern, Marcioniten und Manichäern zusammensetzten. Die Bezeichnung »Christen« konnten die »Palutianer« lange nicht für sich gewinnen[199]. Auch die Palutianer benutzten Tatians »Diatesseron«, genau wie die meisten anderen

[190] Es gibt nur sehr wenige Logien im EvThom, die auf eine späte Entstehung hinweisen. Crossans Kriterium der Mehrfachbezeugungen zeigt für die Mehrheit des EvThom, dass es sehr früh entstanden ist (vgl. seine Einteilung in die »frühere Schicht«). Doch auch die Sprüche, die außerhalb der Thomastradition nicht überliefert sind, müssen deswegen nicht erst später entstanden sein. Crossan, Seiten 563-564.

[191] Drijvers, Seite 12.

[192] Damit meine ich natürlich, dass es hier bereits jüdische Gemeinden gab, die für hellenistische und christliche Ideen offen waren. Doch wurde hier auch Nebo als ein Bringer der Weisheit verehrt (Drijvers, Seite 179). Vielleicht hat die weisheitliche Lehre des EvThom in diesen Kreisen besonderes Verständnis gefunden.

[193] Drijvers, Seite 193.

[194] Marcioniten formierten sich etwa 150 n.Chr. in Edessa (Bauer, Seite 34). Bardesanes wirkte noch später.

[195] Berger, Seite 526.

[196] Bauer, Seite 27.

[197] So erwägt es Bauer, Seiten 46-47.

[198] Bauer, Seite 26.

[199] Noch im vierten Jahrhundert (!) schreiben die »Orthodoxen« verärgert: »Sie nennen uns Palutianer.« Über hundert Jahre blieb ihnen der Titel »Christen« in Edessa verwehrt. Bauer, Seite 27.

Christen, als heilige Schrift. Das Diatesseron hat schließlich auch seine einzige ernsthafte Konkurrenz – das EvThom – verdrängt[200].
Erst 313 n.Chr. wurde in Edessa das erste orthodoxe Kirchengebäude errichtet[201]. Auf eine geradezu gewissenlose Weise fingierten die Orthodoxen erst die Fälschung der Abgarlegende, die beweisen sollte, dass sie in Edessa das ursprüngliche Christentum bildeten, zuletzt räumte der orthodoxe Bischof Rabbula (amtierte 411-435) seine Konkurrenz mit roher Gewalt beiseite[202]. So war nun auch Edessa, eine der heiligsten Stätten der Christen[203], für die Orthodoxie gewonnen.
Die Legende, Thomas sei nach Indien gereist und habe auch dorthin das Christentum gebracht, ist eine interessante Nuance, die mit den Thomasakten (um 225 n.Chr.) überliefert wurde. Edessa liegt an der Seidenstraße, die nach Indien weiterführt[204]. Da es wirklich viele Hinweise auf frühe Christen in Indien gibt[205], muss man wenigstens zugestehen, dass das Christentum von Edessa aus rasch nach Indien gelangt ist. Die Gelehrten streiten sich aber noch darüber, ob Thomas wirklich in Indien war[206].

---

[200] Köster, Seiten 132-133. Köster glaubt, das Diatesseron hätte das EvThom nicht zuletzt deshalb verdrängt, weil das EvThom in die Komposition des EvThom eingeflossen ist.
[201] Bauer, Seite 19.
[202] Bauer, Seite 30.
[203] Als die vornehme Nonne Egeria (auch Aetheria genannt) im 5. Jh. eine Pilgerreise zu den drei heiligsten Stätten der Christenheit unternahm, besuchte sie den Sinai, Jerusalem und Edessa. Nach: Quispel, Seite 262.
[204] Drijvers, Seite 9.
[205] K. Staab hat in seinem Artikel »Thomas, Apostel« (in: Lexikon für Theologie und Kirche, zweite Auflage 1965) die Hinweise für eine Anwesenheit des Apostels in Indien zusammengefasst. In späteren Auflagen dieses Lexikons fehlen diese Hinweise leider.
[206] Ein Verfechter dieser Theorie ist in erster Linie Väth, so verweist K. Staab.

Teil III: Das Verhältnis des EvThom zum Neuen Testament (NT)

1. Von der Erinnerung an Jesus zum NT

> *Die Werke der Urchristen oder der Ketzer wurden in gleicher Weise, so weit sie nicht in das Verzeichnis der kanonischen, vom heiligen Geiste eingegebenen Schriften Aufnahme fanden, mit Misstrauen betrachtet und eigentlich für überflüssig gehalten, da in den kanonischen Schriften doch ohnehin schon die ganze Wahrheit stand.*
>
> Wolfgang Schultz[207]

Wenn ich im Folgenden einen Überblick über die Entstehung des NT geben will, so beschränke ich mich auf ausgesuchte Punkte, die wichtig sind, um das EvThom mit dem NT in Beziehung setzen zu können. Es mag sein, dass ich Phänomene wie Paulus oder etwa die »Parusieverzögerung« beschneide bzw. ignoriere, wenn dort vieles für diese knappe Darstellung nicht nötig ist.

Als Jesus von Nazareth (ca. 5 v.Chr. bis 31 n.Chr.)[208] in Palästina wirkte, traf er den Geschmack vieler Zeitgenossen. Der spätantike Geist war ein idealer Nährboden[209] für sein Modell einer recht privaten und etwas weltabgewandten Religion, die den damaligen jüdischen Zeitgeist – die weisheitlichen Strömungen verschiedener Art – angemessen aufgriff.

Anfangs schloss Jesus sich der apokalyptischen Bewegung Johannes des Täufers an, doch er änderte seine Meinung. Hatte er zunächst wohl Johannes Meinung mitgetragen, das Königreich werde in naher Zukunft anbrechen, vertrat er später die Meinung, das Königreich wäre schon längst existent, es läge nun an jedem Einzelnen, dort hinein zu gelangen. Das liegt der weisheitlichen Theologie noch näher als der Apokalyptik, die ohnehin mit der Weisheit schon eng verwandt ist. Ich halte es für wahrscheinlich, dass viele Anhänger Jesu ebenfalls aus dem Lager des Täufers kamen, und einige unter ihnen sich nach Jesu Hinrichtung wieder ihrer al-

[207] Seite 170 in: »Dokumente der Gnosis« Augsburg, 2000.

[208] Jesu Hinrichtung am Mittwoch, den 14. Nisan (entspricht der Zeit um den ersten April nach unserem heutigen Kalender) im Jahre 31 ist relativ unumstritten. Sein Geburtstag ist sehr viel ungewisser. Herodes starb etwa 5 Jahre vor unserer Zeitrechnung. Wenn zudem die Berichte in Lk über eine Volkszählung stimmen, dann bietet sich das Jahr 7 v.Chr. an. (Von Karl-Friedrich Naumann: »Der Stern der Weisen« werden die Theorien zur Datierung recht kritisch dargestellt, auch nach astronomischen Gesichtspunkten.)

[209] Vgl. Robinson, Seite 14, wo er auf Hans Jonas »Gnosis und spätantiker Geist« verweist.

ten Überzeugung zuwandten[210]. Es mag sein, dass die unterschiedlichen Auffassungen über das Königreich Gottes von daher schon immer ein Teil des Christentums waren[211].

In der frühesten Tradition dominieren die weisheitlichen Sprüche[212], und man kann auch sagen: Die ursprüngliche Christologie ist eine weisheitliche Christologie[213]. Nach Jesu Hinrichtung hat erst sein leiblicher Bruder Jakobus die Führung der christlichen Bewegung übernommen, später, nach Jakobus Hinrichtung 62 n.Chr. hat wohl der leibliche Zwilling[214] Jesu, nämlich Judas Thomas, die weisheitliche Tradition fortgeführt, die später zur Häresie verurteilt wurde. Dies tat er ohne die unumstrittene Autorität, die Jakobus noch hatte. Die entsprechenden Textfunde bei Nag Hammadi haben Walter Bauers Ansicht über den Ursprung des Christentums bestätigt, nämlich dass die spätere Häresie früher als die spätere Orthodoxie auftrat[215].

Die Entstehung der christlichen Tradition nahm ihren Anfang mit der Art und Weise, wie man sich an Jesus erinnerte. Kern dieser Erinnerung waren Zitate Jesu. In der frühen Phase, wie z.B. im ersten Clemensbrief[216] dokumentiert, kombinierte man einige Zitate, an die man sich erinnerte, zu einer kurzen Zusammenfassung des eigenen Glaubens, zu einem kleinen lokalen Katechismus.

Die ersten Meinungsverschiedenheiten ergaben sich aus dem Wachstum der Anhängerschaft. Es wurden auch Heiden für die christliche Bewegung gewonnen, die zuvor keine Juden waren. Besonders Paulus bemühte sich um diese Zielgruppe. Die strengen Judenchristen, deren größter wohl Jakobus selbst war, lehnten z.B. die Abendmahlsgemeinschaft mit den »Heidenchristen« ab, andere Judenchristen wie Petrus waren hingegen so liberal, dies zu praktizieren[217]. Unter den Judenchristen entstanden also

---

[210] Schröter, Seite 10, führt die interessante Position bei Funk u. a. »The Five Gospels« (Seite 4) an: »Jesus´ followers did not grasp the subtleties of his position and reverted, once Jesus was not there to remind them, to the view they learned from John the Baptist...«

[211] Crossan, Seiten 379-388, sondiert die beiden Möglichkeiten, das Königreich zu verstehen. Er kommt zum Schluss, dass das Königreich Gottes schon durch die Weisheit als zugänglich gelten konnte. Die Rede vom Königreich Gottes erlaubt aber beide Interpretationen, weisheitlich wie apokalyptisch.

[212] Zöckler, Seite 61.

[213] Zöckler, Seite 244.

[214] Zöckler, Seiten 22-23.

[215] So Köster, Seite 107.

[216] Robinson (Köster folgend), Seiten 91-92, erkennt in den sieben Sprüchen nach 1 Clem 13,2 eine erste kleine Spruchsammlung, die später mehrmals wieder übernommen wird, vor allem in der »Bergpredigt«.

[217] Vgl. Galaterbrief 2, 11-12 und Köster, Seite 113.

unterschiedliche Auffassungen darüber, ob ein Christ auch die jüdischen Gesetze – also der Beschneidung etc. – halten muss. Das EvThom legt nahe, Thomas dem liberalen Lager zuzuordnen[218]. Später waren die Heidenchristen den Judenchristen zahlenmäßig weit überlegen, akzeptierten aber immer noch Jerusalem als geistiges Zentrum.

Der Ursprung der christlichen Überlieferung ist mündlicher Natur, allein deshalb schon, weil Jesus selber ein Wanderprediger und kein Schriftsteller war und seine Jünger es ihm zunächst gleich taten. Die christliche Literatur lässt sich nicht auf ein Ur-Evangelium zurückführen. Mit der Verschriftlichung wird Jesu Botschaft – gegen Jesu Willen? – fixiert und allein schon durch die Auswahlentscheidung interpretiert. Jesus erhält eine neue Identität[219]. Die erste schriftliche Überlieferungsform war die weisheitliche Gattung der Spruchsammlungen, der logoi sophon. Zwar soll es schon früh auch etwas wie Wundersammlungen[220] gegeben haben, aber diese lassen sich kaum richtig nachweisen.

Zwei große Spruchsammlungen kennen wir, die in dieser Phase entstanden sind: Das EvThom und Q. Hier interessiert uns Q in seiner Eigenschaft als erste Literarisierung, die zum NT führt[221].

Q scheint noch nichts von der Zerstörung des Tempels 70 n.Chr. zu wissen[222] und entstand wohl im palästinensischen Raum[223] in aramäischer Sprache[224]. Zunächst sammelte Q weisheitliche Sprüche[225] – diese älteste Schicht nennen wir heute Q_1. In einer späteren Schicht (Q_2) sind apokalyptische Drohungen hinzugekommen. Wahrscheinlich sind die ersten christlichen Missionare auch auf viel Ablehnung gestoßen und haben darauf mit der Ankündigung einer baldigen Bestrafung durch Gott reagiert[226]. Heute gehen wir davon aus, dass die Sprüche der Schicht Q_1 – die in Form und Inhalt weisheitlich sind – eher vom historischen Jesus stammen als das restliche Q-Material[227]. Die apokalyptischen Drohungen hingegen deuten das weisheitliche Material bereits um.

Eine dritte Schicht Q_3 soll die Spruchsammlung mit einer Einleitung und biographischen Elementen angereichert haben[228].

---

218 Vgl. Logion 53!
219 Vgl. Schröter, Seite 43.
220 Zöckler, Seite 11, spricht wohl über die sogenannte »Semeia-Quelle«.
221 Schneemelcher, Seite 10.
222 Bornkamm, Spalte 758.
223 Schröter, Seite 112.
224 Bornkamm, Spalte 758.
225 Schröter, Seite 471, verweist dazu auf Robinson.
226 Kloppenborg, Seite 168f. Dem folgt auch Zöckler, Seite 56.
227 Von Lips, Seiten 226-227.

Wenn die apokalyptische Schicht Q_2 die weisheitliche Schicht Q_1 umdeutet, so dürfen wir nicht vergessen, dass diese Umdeutung kein allzu weiter Sprung ist. Seit jeher hatten Apokalypsen große Ähnlichkeit mit Spruchsammlungen[229].
Q hat sich also fortlaufend entwickelt, entstand direkt aus der mündlichen Überlieferung heraus, und entsprechend freizügig haben die Verfasser der späteren Evangelien auch die Q-Sprüche in neue Reihenfolgen und Zusammenhänge gebracht[230]. Eine solche Ehrfurcht vor der »heiligen Schrift«, die diese Eingriffe verbietet, gab es noch nicht.
Paulus (gestorben 63 oder 64 n.Chr.), ein Missionar des Westens, zeigte viel Verständnis für die hellenistischen »Heidenchristen«. Er forderte, man dürfe von ihnen nicht verlangen, sich an das jüdische Gesetz zu halten. Den Judenchristen wollte er weiterhin ihre Gesetzesfrömmigkeit belassen, wenn sie diese wünschen, nur dürfe sie den Heidenchristen nicht aufgezwungen werden[231]. Paulus hat eine komplizierte Theologie konstruiert, um zu begründen, dass seit Jesu Tod das jüdische Gesetz keine Heilswirkung mehr hat. In der Jerusalemer Urgemeinde wurde sein Standpunkt abgelehnt. Im Rahmen dieser Auseinandersetzung griff Paulus auch das EvThom an, das offenbar in seinen Missionsgebieten eine ernsthafte Konkurrenz war[232]. Paulus war insgesamt ein Wegbereiter der Orthodoxie – aber auch der Häresie[233]. Seine Lehre, dass ein bestimmter Typ Mensch, der sogenannte »Pneumatiker«, der religiösen Empfindung besonders fähig ist, wurde von vielen Gnostikern übernommen[234]. Und Helmut Köster schreibt, dass die Marcioniten, die »Urchristen Kleinasiens«, das paulinische Denken am getreuesten bewahrt haben[235].
Und doch greift Paulus auch weisheitliche Begriff auf – er hätte sich sonst kaum Christ nennen können – und bewahrt weisheitliche Motive in der christlichen Tradition. Die jüdische Weisheit ist ohnehin eine Wurzel, aus der später Orthodoxie wie Häresie entwuchsen[236]. So wird auch im NT,

---

228 Kloppenborg, Seiten 243-245 (zu Q_1 und Q_2), sowie Seiten 248-262 (zu Q_3). Zusammengefasst bei Schröter, Seite 117.

229 Die klassischen Apokalypsen wie die »Apokalypse Adams« oder das »Henochbuch« edierten Spruchsammlungen, so wie auch die »Sprüche Salomos« Spruchsammlungen edierten. (Robinson, Seiten 100-102)

230 Bornkamm, Spalte 756.

231 Köster, Seite 114.

232 Köster (Seite 173) und ihm folgend Zöckler (Seite 17) weisen darauf hin, dass der Angriff in 1 Kor 2,9 sich gegen EvThom Logion 17 richtet.

233 Robinson, Seite 10.

234 Filoramo/Markschies, Spalte 1048.

235 Köster, Seite 145.

236 Robinson, Seite 97f. Die Abstammung der Gnosis von der Weisheit läßt sich etwa an 1 Clem 57,3ff. erkennen.

das ja weitgehend Paulus nachfolgt, trotzdem immer wieder aus Spruchsammlungen zitiert[237].

Paulus trug seine eigenwillige Theologie immer weiter nach Westen, und fand dort immer mehr Akzeptanz[238]. Seine Theologie hatte den wesentlichen Zweck, logische Spannungen zu überbrücken, und fand bei den nüchtern und realistisch denkenden Römern mehr Zuspruch. Die orientalische Bereitschaft, verschiedene religiöse Lehren zugleich zu bejahen und eine göttliche Wahrheit hinter mehreren von ihnen zu vermuten – also jener »Synkretismus«, mit dem Hellenismus und jüdische Weisheit kombiniert werden konnten – fehlte dem Römer, dessen Stärke eher die effektive Organisation des Kirchenwesens war[239].

Um 70 n.Chr. wurde das Markusevangelium verfasst, das im Grundansatz paulinisch[240] ist und die Zitate Jesu in eine Biographie kleidet, um Tod und Bestimmung Jesu – und damit auch die Worte Jesu – im Sinne Paulus zu interpretieren. Mk ähnelt der Theologie des Paulus so stark, dass Marxsen und Schenk sogar annahmen, Mk wäre eine Interpretation zu Paulus[241].

Mk beschreibt in einigen Passagen die Jünger der Urgemeinde als so starrköpfig und uneinsichtig – vor allem Petrus kommt sehr schlecht weg – dass man Mk nur als polemischen Angriff gegen die Judenchristen in Jerusalem bezeichnen kann[242]. Der Verfasser bemüht sich auch gar nicht um eine wirklich apostolische Autorität. Markus gilt als ein recht anonymer Reisegefährte erst des Petrus, dann des Paulus[243], und schreibt einen volkstümlichen Stil, teilweise sogar recht vulgär[244].

Mk hat sich von der alten Gattung der logoi sophon bewusst verabschiedet und eine völlig neue Gattung – eben des biographischen Evangeliums – geschaffen. Doch obwohl Mk gattungsgeschichtlich weit von EvThom oder Q entfernt ist, gibt es Gemeinsamkeiten unter diesen drei Schriften. Offenbar hat auch Mk noch keine schriftlichen Vorlagen bearbeitet, sondern wie EvThom und Q nur mündliche Überlieferung[245] verwendet. Da-

[237] Robinson, Seite 90.

[238] Bauer, Seite 234.

[239] Bauer, Seite 232.

[240] So Köster, Seite 142.

[241] Darauf verweist Schröter, Seite 70.

[242] Schröter verweist hierzu in den Seiten 70-71 auf Schreiber und andere, noch härtere Ansichten.

[243] Bornkamm, Spalte 761.

[244] Bornkamm, Spalte 754.

[245] Schröter, Seite 82. Aussagekräftig ist überhaupt Schröters Buchtitel »Erinnerung an Jesu Worte - Studien zur Rezeption der Logienüberlieferung in Markus, Q und Thomas«, wo eben diesen drei Schriften eine ausschlaggebende Stellung in der christlichen Überlieferung zuerkannt wird.

mit steht Mk in jener frühen Phase des entstehenden Christentums, in der die mündliche Überlieferung erstmals verschriftlicht wird. Mk ist vielleicht die erste Vorschrift, wie man Jesu Worte zu interpretieren habe. Unter diesen dreien hat sich wohl das EvThom am engsten an Jesu Worte gehalten[246]. Woher das markinische »Passionskerygma«, also die Heilsbotschaft über Jesu Leiden und Auferstehung, wirklich stammt... keiner weiß es. Vermutlich haben es hellenistische Christen in Anlehnung an Paulus entwickelt[247].

Hier will ich bereits ein erstes mal darauf eingehen, wie schwer Q zu untersuchen ist. Woher kennen wir Q? Für Q halten wir alle Stoffe, die bei Mt und Lk gleich sind, bei Mk aber fehlen. Ob Q z.B. ein oder zwei Schriften waren, ist absolut nicht zu ergründen. Was wäre, wenn Mt einen Spruch aus Q überliefert hat, den Lk für unwichtig hielt und ignorierte? Dann würden wir diesen Spruch für Mt-Sondergut halten, nicht für Q. Und was wäre, wenn Mk die Quelle Q gekannt hat und ein paar Sprüche aus ihr übernommen hat? Dann würden wir glauben, diese Sprüche hätten nicht in Q gestanden sondern stammen allein aus Mk. Für Q halten wir ja nur solche Sprüche, die eben nicht bei Mk stehen! Unser Modell von Q setzt also die unbewiesene Annahme voraus, dass Mk nichts von Q wusste. Vor allem, da unsere Rekonstruktion von Q keinen Stoff aus Mk umfaßt, nehmen wir an, dass Mk Q nicht kannte. Entspräche es aber der Wahrheit, dass Mk viele Sprüche aus Q übernommen hat, so könnten wir das mit unserer Methode der »Zwei-Quellen-Theorie« niemals erkennen.

Wenn wir also bedenken, dass Q eine Rekonstruktion ist, die einige Möglichkeiten vernachlässigen muss (z.B. dass Mk vielleicht Q benutzt hat, oder dass Mt / Lk unterschiedliche Stoffe aus Q verwendet haben), so müssen wir alle Theorien zu Q mit Vorsicht behandeln und andererseits selbst ungewöhnlichen Thesen[248] Raum gewähren. Wie dem auch sei – wir wollen weiterhin mit Q arbeiten, solange wir kein besseres Modell für jene Frühstufe der neutestamentlichen Literatur besitzen. Bis auf weiteres wollen wir damit arbeiten, Mk habe Q nicht gekannt[249].

---

[246] Köster, Seiten 129f.

[247] Köster, Seite 130, hält das hellenistische Urchristentum für die Wiege des Passionskerygmas.

[248] Stevan L. Davies vertritt in seinem Artikel »Mark´s Use of the Gospel of Thomas« (in: Neotestamentica 30 (2) 1996 Seiten 307-334) die These, unser Modell von Q könnte eine sehr späte Entwicklungsstufe vom EvThom sein und Mk hätte das EvThom in großem Umfang benutzt. Ich halte es zumindest für unwahrscheinlich, dass um 70 n.Chr. eine Schrift wie Mk von jemandem geschrieben wird, der die wichtigsten Schriften der zentralen Gemeinde in Jerusalem nicht kennt.

Wir können also bei EvThom, Q und Mk sehen, wie die Spruchsammlungen langsam mit biographischen Elementen angereichert und interpretiert werden, bis schließlich die Biographie zum eigentlichen Evangelium wurde. Die Gnostiker haben die Spruchsammlungen hingegen zu Dialogen verarbeitet[250]. Diese Dialog-Evangelien sind nicht weniger legitime Formen, Spruchsammlungen weiter zu entwickeln[251]. Auf orthodoxer wie auf gnostischer Seite führten die alten Spruchsammlungen wie Q noch einige Zeit ein Schattendasein[252] neben den weiter entwickelten Evangelien, die nach ihnen entstanden sind. Doch nach einiger Zeit dieses Nebeneinanders galt selbst Q in orthodoxen Kreisen als Ketzerei[253] und wurde spätestens ab da nicht mehr überliefert. Die orthodoxe Kirche hatte sich so weit von ihrer Wurzel entfernt, dass sie in ihr nur noch einen Fremdkörper erkennen konnte.
Matthäus und Lukas haben also überwältigende Gemeinsamkeiten. Beide bauten auf Mk auf, brachten aber wieder Spruchüberlieferung aus Q mit ein – jene Überlieferung, von der Mk sich eigentlich abgewendet hatte. Zuerst entstand Matthäus, danach Lukas.
Mt entstand im späten ersten Jh.[254] Um zu versichern, dass seine Lehre wirklich von Jesus stammt, baut er in den Mk-Rahmen fünf kleinere Spruchsammlungen ein[255]. Mt glaubt an die Autorität dieser Spruchsammlungen. Er dürfte Q verlässlicher als Lk überliefert haben[256]. Zu seinen Eigenarten zählt es, dass er den jüdischen Gesetzen besonders hohe Beachtung zukommen lässt. Jesus schmückt er mit vielen alttestamentlichen Würden, viele Prophezeiungen sieht er durch Jesus erfüllt[257]. Sein

---

249 Schröter, Seite 466, fasst zusammen, welche Argumente darauf hinweisen, dass Mk nichts von Q wußte.

250 Robinson, Seiten 79f.

251 Solche Dialogevangelien sind der »Dialog des Erlösers« (NHC III,5), der apokryphe »Brief des Jakobus« (NHC I,2) oder - der Thomas-Tradition verpflichtet und daher für mich besonders interessant - das »Buch des Thomas« (NHC II,7). Nach: Zöckler, Seite 12.

252 Vgl. Robinson, Seite 93. Schröter (Seiten 90f.) glaubt, Q wäre deshalb nicht weiter überliefert worden, weil Q in Mt und Lk ohnehin weiter erhalten blieb. Aber warum wurde dann Mk weiter überliefert, das doch ebenso in Mt und Lk überliefert war?

253 Robinson, Seite 17.

254 Crossan, Seite 566, gibt 90 n.Chr. an; Bornkamm, Spalte 763, gibt 75-90 n.Chr. an.

255 So Robinson, Seiten 82-83. Bornkamm, Spalte 762, gibt als diese fünf große Reden an: die Bergpredigt Mt 5-7, die Aussendungsrede Mt 10, Reich-Gottes-Gleichnisse Mt 13, Jünger- und Gemeinderede Mt 18 und die eschatologischen Reden in Mt 24-25.

256 Schröter, Seite 91.

257 Bornkamm, Spalte 762.

Sondergut, also seine Stoffe, die nicht aus Mk oder Q stammen, umfasst im Verhältnis zu Lk vor allem Gleichnisse[258].
Die altkirchliche Tradition glaubte, Mt sei als erstes verfasst worden[259], Mk hingegen sei eine Zusammenfassung von Lk und Mt. Dazu passt, dass Matthäus wirklich unter die Jünger Jesu gezählt wird, was von Markus oder Lukas nicht behauptet werden kann. Dies ist nicht die einzige Gemeinsamkeit, die zwischen den Aposteln Matthäus und Thomas besteht. In den alten Apostellisten werden Matthäus und Thomas oft zusammen aufgezählt, sie erscheinen geradezu als Partner[260]. Aus dem EvThom können wir schließen, dass unter der Autorität des Thomas die Sprüche bereits in aramäischer Sprache gesammelt wurden. Nicht ohne Erstaunen lesen wir in einer Papiasnotiz über Matthäus, er habe die Sprüche Jesu in hebräischer Sprache gesammelt und erst danach wären sie verschiedentlich interpretiert worden: »Matthäus zwar sammelte in hebräischer Sprache die Logia, aber jeder legte sie so aus, wie es ihm gegeben war.« (Eusebs Kirchengeschichte III 39, 16)[261]. Und ausgerechnet im »Buch des Thomas« wird anfangs darauf verwiesen, Mathaias (=Matthäus) habe hier die Sprüche aufgeschrieben, die Jesus zu Thomas gesprochen hätte[262].
Wir müssen festhalten, dass Matthäus und Thomas beide als Sprüchesammler der ersten Stunde erscheinen, beide erscheinen zudem als ein kooperierendes Gespann. So wie der Mt-Evangelist die fünf kleineren Spruchsammlungen in den Mk-Rahmen einfügt, weist er sich als Verehrer der logoi sophon aus. Es mag sein, dass Mt nicht wirklich vom Apostel Matthäus verfasst wurde, aber vieles deutet darauf hin, dass eher Matthäus als irgendwer sonst Sprüche Jesu (Q?) gesammelt hat und das Mt-Evangelium sich ganz bewusst auf diese Autorität beruft.
Die Fachwelt lokalisiert Q gerne in Ephesus (West-Syrien) und EvThom in Edessa (Ost-Syrien). Doch entstanden sind die beiden Spruchsammlungen wohl sehr viel früher unter den Urchristen in Palästina[263], und so, wie EvThom nach Ost-Syrien kam, so kam vielleicht auch Q nach West-Syrien. Ohne Zweifel zumindest ist Mt unter den Evangelien des NT am ehesten offen für jüdische und auch weisheitliche Tradition. Mt bewahrt den logoi sophon am ehesten ihre ursprüngliche Form.
Nur wenige Jahre nach Mt dürfte Lk geschrieben worden sein[264]. Lk versteht sich weniger als Evangelium, sondern eher als eine Chronik des Wir-

---

[258] Bornkamm, Spalte 756.
[259] Bornkamm, Spalte 754.
[260] Köster, Seite 127, verweist auf Mt 10,3; Mk 3,18; Lk 6,15.
[261] Nach: Robinson, Seite 70.
[262] Vgl. Köster, Seite 127.
[263] Crossan, Seiten 563-564, lokalisiert die Entstehung von Q in Galiläa und die des EvThom in Jerusalem.

kens Jesu. Die Apostelgeschichte bildet den zweiten Teil dieser Chronik – sie baut auf Lk auf. Eigentlich ist Lk ein starker Gegner von Paulus, weil Jesus hier die Religion des Alten Testamentes vollzieht[265]. Ähnlich liegt ja auch Mt, wo die jüdischen Gesetze und die logoi sophon eine wichtige Rolle spielen, die Paulus doch so vehement bekämpft. Lk umfasst üppiges Sondergut und will so vermutlich erreichen, die vollständigste Chronik über Jesus zu sein. Mit einer Fülle von historischen Angaben über Personen und Städte – die wohl zum großen Teil erfunden sind – erzeugt Lk den Anschein einer seriösen chronistischen Arbeit.

Die synoptischen Evangelien haben allesamt gewisse urchristliche Ideen übernommen, unter ihnen auch, dass Jesus die personifizierte Weisheit ist oder zumindest ihr legitimierter Bote[266]. Wo sie diese weisheitliche Idee über Q aufgegriffen haben, ist sie natürlich apokalyptisch eingefärbt. Nur der Evangelist Matthäus hat ein eigenes weisheitliches Interesse und gestaltet sein Evangelium unter »deutlicher Einwirkung« der Weisheitstradition[267].

Und schließlich, noch vor 100 n.Chr.[268], wurde das Johannesevangelium verfasst. Den bisherigen Trend, immer mehr Material ins Evangelium aufzunehmen, setzt Joh nicht fort. Joh kennt z.B. nur sieben Wunder. Größeres Gewicht legt Joh darauf, eine in sich schlüssige Theologie zu entwickeln. Dabei verwendet Johannes seine berühmte kräftige Ausdrucksweise, mit der er leidenschaftlich über Licht und Finsternis redet, und mehr noch als in den früheren Evangelien ist Jesus das »Licht« schlechthin. Woher die johannäische Sprache stammt, ist nicht ganz klar. Gerne wurde vermutet, Joh stünde in einer vagen und unbestimmbaren Nähe zur Gnosis[269]. Und sicherlich stimmt es, dass Ähnlichkeiten zu gewissen gnostischen Schriften wie dem »Dialog des Erlösers« existieren[270]. Für die Zeit um 100 n.Chr. halte ich es aber für ganz ausgeschlossen, dass ein Evangelium halb gnostisch, halb orthodox geschrieben wird. Der Kampf zwischen den christlichen Gruppen war schon viel zu erbittert.

---

[264] Bornkamm, Spalte 765, gibt die Jahre 75 - 95 an; Crossan, Seite 566, spricht von »möglicherweise schon in den 90er Jahren verfasst, jedenfalls vor Joh 1-20.«

[265] So Köster, Seiten 142f.

[266] Von Lips, Seite 460.

[267] So von Lips, Seite 460.

[268] Die Papyrusfunde P52 und P.Egerton2 beweisen uns, dass Joh in der ersten Hälfte des 2. Jh. bereits in Ägypten bekannt war. Es lässt sich schwer vorstellen, dass es erst nach 100 in Ephesus verfasst wurde.

[269] Noch die vierte Auflage von RGG (Filoramo / Markschies, Spalten 1047f.) beantwortet die Frage, ob Joh gnostisch ist, mit einem eindeutigen Jein.

[270] Zöckler, Seiten 13-14.

Robinson meint[271], dass Joh seine sieben Wunder aus einer »Zeichenquelle« übernommen hat und mit gnostischer Tendenz interpretiert hätte, später aber wieder redaktionell entschärft worden wäre. Diese These zeigt wohl an sich schon, mit welcher Kreativität die moderne Forschung versucht, Joh einzuordnen.
Ich stimme Gregory J. Riley zu, dass Joh am elegantesten aus seiner Nähe zum EvThom erklärt werden kann. Wo Joh eine gnostisch anmutende Sprache verwendet (etwa in seinem Prolog Joh 1,1-5), besteht nicht wenig Ähnlichkeit zur weisheitlichen Sprache, die ebenfalls gerne über Licht und Finsternis spricht. Riley vermutet recht intelligent, dass Joh in West-Syrien verfasst wurde und den Wunsch hat, die Vorstellungen der Thomas-Christen zu »korrigieren«[272]. Joh teilt die Sprache des EvThom, kritisiert am EvThom aber, dass dort z.B. nichts über Jesu Auferstehung zu lesen ist[273]. Wo bei Joh die Gestalt des Thomas auftaucht, nimmt sie stets einen entscheidenden Platz ein, und stets irrt sich Thomas gewaltig. Thomas bei Joh steht wohl stellvertretend für alle Anhänger des EvThom[274]. Joh will zeigen, wie kleingläubig Thomas war, als er die leibliche Auferstehung Jesu nicht glauben wollte.
Unter den vier Evangelien des NT ist Markus also primär eine »Passionsgeschichte mit biographischer Einleitung«[275]. Mt und Lk übernehmen ihn zwar als Rahmen, mildern ihn aber insoweit ab, als dass sie den Spruchsammlungen als den wahren Lehren Jesu doch wieder Geltung verschaffen. Und schließlich hat Joh zwar auch einen Passionsbericht, ist aber wesentlich durch Jesu Offenbarungsreden und Dialoge mit seinen Jüngern geprägt.
Im gesamten NT wird vorausgesetzt oder zumindest als selbstverständlich akzeptiert, dass die Sprüche Jesu die Sprüche der göttlichen Weisheit sind[276]. Man kann aber differenzieren, dass Q und Mt hohen weisheitlichen Einfluss zeigen, bei Apg oder Offb sich aber kaum eine Ausprägung dieses Einflusses findet[277].
Um 100 n.Chr. wurden entscheidende Weichen für die weitere Entwicklung zwischen Orthodoxie und Gnosis gestellt. Jüdische Christen haben derzeit vermutlich erstmals eine Christologie entwickelt, die man wirklich

---

[271] Robinson, Seite 18.
[272] Riley, Seite 3.
[273] Riley, Seiten 4-5.
[274] Riley, Seite 4.
[275] Diesen gesamten Absatz habe ich Zöckler, Seite 13, entlehnt, der sich dort durchgängig auf Köster beruft.
[276] Davies, Kapitel 2.
[277] Von Lips, Seite 454.

gnostisch nennen darf[278]. Für diese »Ur-Gnostiker« ist das AT unverzichtbar und Paulus ein Ketzer. Diese Traditionslinie beruft sich besonders auf Petrus, zu ihr gehören die »Kerygmata Petrou«[279] wie auch Mt und (später und mit etwas veränderter Theologie) die »Apokalypse des Petrus« und das »Evangelium des Petrus«. Die Petrus-Tradition wurde in Gestalt des Mt von der orthodoxen Kirche übernommen, und selbst in Form des Petrusevangeliums erst 200 n. Chr. zögernd verworfen[280].

Die orthodoxe Kirche hingegen ist mitunter auch dadurch entstanden, dass sie den jüdischen Kulturbereich verlassen hat[281]. Ihre Weichenstellung wird ebenfalls um 100 n.Chr. – durch Ignatius von Antiochien erwirkt. Ignatius (gestorben 110 n.Chr.) hält nicht viel von der Interpretation des AT und sieht sich als Vertreter des paulinischen Heidenchristentums. Die Petrustradition in Gestalt von Mt dürfte ein entschlossener Gegner des Ignatius gewesen sein[282]. Vermutlich sind diese beiden Linien zeitgleich und in wachsender Opposition zueinander entstanden und haben im Laufe der Zeit immer mehr Form gewonnen, indem sie sich immer mehr voneinander abgrenzten. Hier wächst die Feindschaft zwischen Orthodoxie und Gnosis.

Gegenstand dieses Streites waren auch die Kirchenämter. Ignatius will die christlichen Bischöfe mit einer Verfassung stärken, die Petruslinie lehnt dies ab[283]. Doch der orthodoxen Kirche kommt ihre effektive Organisation zugute. Um 100 dehnt die römische Kirche bereits ihren Einfluss bis Korinth aus[284].

Obwohl die römische Kirche, die später die Position des Ignatius von Antiochien als konstantinisches Christentum bewahrt, ursprünglich eine kleine Splittergruppe im Christentum ist, kann sie später eine Gruppe nach der anderen an den Rand drängen und schließlich zur zentralen Autorität aller Christen aufsteigen[285]. Und so wird die Welthauptstadt Rom auch zur geistlichen Hauptstadt des Christentums, doch dieser Prozess und dabei auch die Kanonisierung des NT sowie die Entwicklung der katholischen Kirche sollte noch einige Zeit in Anspruch nehmen.

Um etwa 110 n.Chr. wurden den Paulusbriefen weitere Briefe hinzugesellt, die sogenannten »Deuteropaulinen«[286]. Die alten Paulusbriefe konn-

---

[278] Köster, Seiten 115 und 117.

[279] Damit ist die Quellenschrift der Pseudo-Clementinen gemeint. Vgl. Köster, Seite 117.

[280] Köster, Seite 117, beruft sich auf Eusebs KG VI, 12.

[281] Robinson, Seite 16.

[282] Vgl dazu Köster, Seiten 115-116.

[283] Köster, Seite 116.

[284] Bauer, Seite 231.

[285] Vgl. Bauer, Seiten 232-233.

[286] Filoramo / Markschies, Spalte 1048.

ten zwar sehr gut für den Kampf der Orthodoxen gegen die Ketzer benutzt werden, doch waren sie deswegen noch nicht eindeutig orthodox. Auch die Gnostiker konnten sie für sich verwenden. Mit den Deuteropaulinen sollte Paulus endgültig und eindeutig als Gründer der Orthodoxie und Feind aller Häresie dargestellt werden[287]. Somit wurde zwar Paulus seiner ganz individuellen Persönlichkeit beraubt, aber der orthodoxen Kirche erhalten[288]. Es wurden aber auch Briefe wie der Jakobusbrief verfasst, die sich gegen Paulus wandten[289] und die Linie der Judenchristen vertraten. Der Jakobusbrief, der ganz eindeutig weisheitliche Tradition vertritt[290], hält aber die Einhaltung der jüdischen Gesetze für unwichtig[291]! Noch immer sind also die Judenchristen auf verschiedene jüdische Strömungen verteilt. Die Petrustradition besteht auf die jüdischen Gesetze, der Jakobusbrief aber folgt in dieser Frage dem EvThom und erkennt den Gesetzen keine Heilswirkung zu. Auch das Judenchristentum war also in sich gespalten.

Unter den spätesten Briefen des NT ist der Jakobusbrief für uns besonders interessant. Wie auch das EvThom vertritt der Jakobusbrief die Tradition jüdischer Weisheit[292]. Doch die jüdische Weisheit hat zwei Ausdrucksformen gefunden: eine eher mystisch-pneumatische (wie die Weisheit Salomos) und eine ethische (wie vor allem 4. Makkabäer)[293]. Während das EvThom deutlich den ersten Weg gegangen ist, bemüht sich der Jakobusbrief eher um den zweiten[294]. Das EvThom und der Jakobusbrief gehen also verschiedene Wege, stehen aber in der selben Tradition.

Im Folgenden erobert die römische Kirche die christlichen Gemeinden von West nach Ost. Ihr stärkster Feind, die Marcioniten, die eigentlich älteste christliche Kirche, schaltet sich selbst aus. Marcion verbietet seinen Anhängern die natürliche Fortpflanzung und fördert auf diese Weise das »Aussterben« seiner eigenen Religion[295]. Etwa um 150 n.Chr. hat sich in der römischen Kirche das theologische Verständnis entwickelt, das wir »katholisch« nennen können. Mit Irenäus von Lyon können wir die Entstehung der katholischen Kirche als abgeschlossen betrachten[296].

---

287 Bauer, Seiten 222 und 228.

288 Bauer, Seite 229.

289 Aland, Spalte 527.

290 Von Lips, Seite 454.

291 Aland, Spalte 526.

292 Von Lips, Seiten 457-458.

293 Von Lips, Seite 107.

294 K. Aland in seinem Artikel »Jakobusbrief« (in: Religion in Geschichte und Gegenwart, dritte Auflage 1958) schreibt: »Eine eigentliche Theologie besitzt der Jakobusbrief nicht; was er vorträgt, ist Ethik.«

295 So sinngemäß Bauer, Seite 233.

296 Schneemelcher, Seite 19.

In der folgenden Zeit, also der zweiten Hälfte des zweiten Jahrhunderts, hat sich die katholische Kirche auch den Kanon des NT erarbeitet. Marcion hatte seiner Kirche bereits einen Kanon heiliger christlicher Schriften gegeben. Diese Einrichtung wurde nun auch im konstantinischen Christentum angestrengt. Und auch die Juden kanonisierten ihre Schriften erst 150 - 200 n.Chr. zum heutigen AT[297].

Auch Tatians »Diatesseron« bildete den ersten Teil eines Kanons und somit einen Vorläufer des NT[298]. Während Marcion in seinem Kanon ein Lukasevangelium führte, das er von jüdischen Einflüssen »gereinigt« hatte (sowie paulinische Briefe), harmonisierte Tatian die ihm bekannten Evangelien zu einer einzigen großen Sammlung. Vermutlich hat er sogar Stoffe aus dem EvThom übernommen[299]. Diesem Diatesseron ordnete er ebenfalls Paulusbriefe bei. Nur im NT standen vier recht ähnliche Evangelien hintereinander. Viele gleichen Dinge stehen im NT also gleich viermal geschrieben. Diese vielfache Überlieferung haben Marcion und Tatian umgangen.

Der Begriff des »Testamentes« bot sich für den Kanon insofern an, als dass schon in der jüdischen Schrift der »Testamente der 12 Patriarchen« Sprüche der Heiligen als Testamente bezeichnet werden[300]. Ihre weisen Sprüche sind quasi ihr bleibendes Vermächtnis, eben ihr Testament.

In Rom wurden um 150 n.Chr. bereits Mk, Mt und Lk in den Gottesdiensten verwendet – neben jüdischen Texten[301]. Dabei war Lk den Orthodoxen lange sehr suspekt, weil Marcion ihn ja ebenfalls verwendete. Auch den Paulusbriefen lastete dieser Makel an – darum wurden ja die Deuteropaulinen verfasst. Bis 200 etwa hat die katholische Kirche sich dann einen verbindlichen Kanon gegeben, der ihr die heiligen Schriften von den Ketzereien unterscheiden sollte. Das NT war abgeschlossen.

Wenn wir also auf diese bewegte und bewegende Geschichte zurückblicken, dann fällt es schwer, frei von Affekten über Ketzerei und Orthodoxie zu urteilen. Eigentlich hat sich die Orthodoxie genau so verhalten, wie sie es allen anderen christlichen Gruppen als Ketzerei vorwarf: Sie hat die ursprüngliche Lehre Jesu abgeändert, die Schriften der Urchristen verworfen und durch »weiter entwickelte« ersetzt. Paulus erscheint uns als ein Abgespaltener von den Judenchristen, Ignatius von Antiochien als relativ schlecht gebildeter Fundamentalist gegenüber intellektuell höherstehen-

---

[297] Schneemelcher, Seite 9. Allerdings stehen im jüdischen Kanon die Schriften in anderer Reihenfolge als im christlichen AT.

[298] Pott, Seite 23.

[299] Dazu Zöckler, Seite 141, Anmerkung 16.

[300] Robinson, Seite 99.

[301] Schneemelcher, Seite 13.

den Christen wie Tatian[302]. Natürlich haben auch die »Häretiker« die Tradition laufend neu gestaltet und sich auf ihre Weise vom historischen Jesus entfernt. Aber die Forschung wird sich irgendwann zu einem Urteil frei vom Kirchendogma dazu durchringen, welche Tradition die Lehre Jesus eher bewahrt hat.

Viele Christen glauben fest daran, dass Jesus die reine göttliche Wahrheit gelehrt hat. Vor diesem Hintergrund dürften die großen christlichen Kirchen, die allesamt vom »orthodoxen« Christentum stammen, umso größere Probleme bekommen, je größer die Zustimmung für die kritischen Ergebnisse der modernen Forschung wird.

[302] Vgl. Bauer, Seiten 220-221, und Pott, Seite 23. Nach Bauer hat Ignatius sich völlig zu Unrecht auf Paulus berufen; er kannte wahrscheinlich noch nicht einmal die Paulusbriefe. Vgl. zu Tatian auch Wolfgang Schultz (»Dokumente der Gnosis« Augsburg, 2000), Seite 147.

2. Einordnung des EvThom

Die Beurteilung der Abhängigkeit des EvThom vom NT ist von größter Wichtigkeit für die gegenwärtige Forschung. Wir sind darum auf der Suche nach objektiven wissenschaftlichen Methoden, um das EvThom mit den Schriften des NT vergleichen zu können. Die Schriften des NT sind uns vertraut – die völlig andere Sprache des EvThom kommt uns daher leicht irgendwie falsch vor, so als wäre Stoff aus dem NT verfremdet worden. Wenn wir aber wissenschaftlich urteilen wollen, ob das EvThom das NT verwendet hat oder unabhängig davon entstanden ist, darf dieser Eindruck keine Rolle spielen. Es darf auch kein Gewicht haben, ob eine Schrift kanonisch oder apokryph ist[303].
Genau diese Unterscheidung hat aber in der Vergangenheit viele Urteile bestimmt. Bevor klar wurde, dass die Papyri aus Oxyrhynchus (Nr. 1, 654 und 655) das EvThom überliefern, wurde ihnen Priorität vor Mk eingeräumt[304]. Nachdem sie durch den Nag Hammadi Fund als EvThom identifiziert waren, wurden die vorigen Ergebnisse vergessen und das EvThom ins zweite Jh. datiert. Der Grund dafür ist wohl, dass das EvThom ein häretisches Evangelium ist und als solchem keine Priorität vor dem NT mehr zugesprochen werden konnte.
Die Kriterien, die beweisen könnten, dass das EvThom vom NT abhängt, müssen die selben sein, die etwa zur Zwei-Quellen-Theorie führten – mit denen also Mt und Lk als abhängig von Mk und Q befunden wurden[305]. Literarische Abhängigkeit bedeutet, dass eine Schrift auf eine bestimmbare Weise eine andere Schrift verwendet – sich theologisch, formgeschichtlich und inhaltlich (z.B. mit einer gleichen Reihenfolge des Materials) an ihr orientiert. Eine solche eindeutige literarische Abhängigkeit wurde bis jetzt eigentlich nur in der Zwei-Quellen-Theorie erkannt[306].
Theologisch orientiert sich das EvThom keinesfalls am NT, eher an der jüdischen Weisheit unter Einbindung hellenistischer und rabbinischer Traditionen. Formgeschichtlich steht das EvThom ebenfalls nicht in Nachfolge des NT, sondern verwendet die uralte Gattung der logoi sophon, die vielmehr eine Quelle des NT ist.

303 Patterson, Seite 16.

304 Vgl. die Untersuchung von E. Wendling, auf die Köster (Seiten 121 und 123) hinweist und ähnlich auch die Untersuchungen von Dodd und Jeremias, auf die Quispel (Seite 269) verweist.

305 Das fordert Zöckler, Seiten 31-32.

306 Patterson, Seite 13.

Und das EvThom ist die einzige frühchristliche Spruchsammlung, die wir wirklich in Händen halten[307]. Doch wie sich EvThom und NT inhaltlich verhalten, ist der letzte entscheidende Punkt.

Betrachten wir zunächst die Reihenfolge des Inhalts: Bei Mt und Lk lässt sich klar erkennen, dass sie die Reihenfolge des Mk-Rahmens nicht verändert haben[308]. Das EvThom hat die Sprüche, die es aus dem NT übernommen haben könnte, aber völlig anders geordnet. Patterson hat gezeigt[309], dass die Sprüche im EvThom durch Stichwörter verbunden sind, dass also die meisten Sprüche mit ihrem nachfolgenden Spruch ein gemeinsames Stichwort teilen. Auf diese Weise hat man sich die Sprüche am besten merken können. Jeder Spruch zieht auf diese Weise einen anderen nach sich. Die Reihenfolge ist also nicht vom NT übernommen worden; die Sprüche sind noch nach der mündlichen Überlieferung geordnet geblieben.

dass die Sprüche im EvThom aus sehr früher Überlieferung stammen, kann man auch daraus erkennen, wie oft sie »mehrfach unabhängig bezeugt« sind.

Ich will ein einziges Beispiel dafür geben, was man sich darunter vorstellen darf:

Es gibt die christliche Überlieferung, Jesus habe einmal gesagt: »Es gibt nichts Verborgenes, das nicht offenbar werden würde.« Diese Überlieferung ist in sechs christlichen Schriftstellen bezeugt:

EvThom 5,2 (=POxy 654,4,2); EvThom 6,4 (=POxy 654,6,4);
Lk 13,30; Mt 20,16; Mk 4,22; Lk 8,17.

Allerdings sind das keine sechs verschiedenen Quellen. Die Stellen im EvThom zählen nur als ein Zeuge, Lk 13,30 und Mt 20,16 stammen ebenfalls nur aus einer Quelle, nämlich Q. Und Lk 8,17 dürfte von Mk 4,22 abgeschrieben haben. So bleiben nur noch drei unabhängige Bezeugungen:

Erstens:	EvThom 5,2 (=POxy 654,4,2); EvThom 6,4 (=POxy 654,6,4)
Zweitens:	(Q) Lk 13,30 = Mt 20,16
Drittens:	Mk 4,22 = Lk 8,17

[307] Zöckler, Seite 1, weist darauf hin, dass wir zu Q nur eine vage Rekonstruktion besitzen und somit das EvThom einen ganz besonderen Platz einnimmt.

[308] Patterson, Seite 94.

[309] Patterson, Seiten 100-102, gibt eine detaillierte Liste der »Catchwords« (Stichwörter) im EvThom an und beweist so, dass die Reihenfolge im EvThom dadurch entstand, wie man sich am besten an die Sprüche erinnern konnte.

Das ist aber immer noch so viel, dass man diese Überlieferungseinheit als ein verlässliches Zeugnis über Jesus akzeptieren muss[310].
John Dominic Crossan hat sich die Arbeit gemacht, die gesamte urchristliche Überlieferung (!) in 522 Überlieferunseinheiten über Jesus einzuteilen[311]. Die oben beschriebene Einheit hat bei ihm die Nummer 32.
Von allen 522 Einheiten sind nur 180 mehrmals unabhängig bezeugt und darum besonders glaubwürdige Zeugen über den historischen Jesus. Das ist nur ein Anteil von 34%. Damit ist die breite Mehrheit von 66% nur einfach unabhängig bezeugt und somit potentiell eine Erfindung einzelner Schriften.
Im EvThom sieht dieses Verhältnis etwas besser aus: Von den 130 Einheiten, in die Crossan das EvThom eingeteilt hat, sind immerhin 80 mehrfach bezeugt. Das ist ein Anteil von 61%. Die restlichen 50 Einheiten finden sich nirgendwo sonst unabhängig bezeugt. Crossan zählt sie daher zur späteren »zweiten« Schicht im EvThom, die erst nach 60 n.Chr. entstanden sein soll.
Doch das ist nicht ganz fair. Andere Schriften wie Mk oder Q haben ebenfalls nur einfach unabhängig bezeugte Einheiten, die Crossan trotzdem zur ersten Schicht (30-60 n.Chr.) rechnet. Dem folgend müsste auch ein Großteil der einfach bezeugten Einheiten im EvThom noch zur ersten Schicht gehören.
Unter den 80 mehrfach bezeugten Einheiten ist das Verhältnis eindeutig: 76 sind zur ersten Schicht zu rechnen, nur 4 fallen in die zweite Schicht. Wenn das Verhältnis unter den einfach bezeugten Einheiten ähnlich wäre, würden nur 2 oder 3 in die zweite Schicht fallen, 47 oder 48 hingegen noch zur ersten Schicht. Wenn so viele Einheiten des EvThom auch anderswo schon so früh bezeugt sind, dann halte ich auch diejenigen Einheiten für eine recht authentische Überlieferung, die außerhalb des EvThom nicht mehr überliefert wurden. Denn die Anordnung gemäß Stichworten zieht sich durch das gesamte EvThom, auch durch die nur einfach bezeugten Einheiten. Es ist also sehr unwahrscheinlich, dass von 180 Einheiten ganze 50 erst viele Jahre später eingefügt wurden.
Obwohl ich also die Einordnung der einfach bezeugten Einheiten zur zweiten Schicht nicht nachvollziehe, will ich erst einmal wiedergeben, welche Einheiten wie oft bezeugt sind. Die Nummer vor den Überlieferungseinheiten ist die von Crossan zugeteilte Nummer in der Liste aller christlicher Überlieferung (Seiten 570-584).

[310] Darum markiert Crossan diese Überlieferungseinheit (Nummer 32) mit einem + (Seite 571).
[311] Die komplette Liste hat Crossan auf den Seiten 570-584 abgedruckt.

Erste Schicht

(Insgesamt 186 Überlieferungseinheiten: 131 mehrfach bezeugte und 55 einfach bezeugte) der Jahre 30 bis 60 n.Chr.

Mehr als dreifache unabhängige Bezeugtheit (29 Überlieferungs-einheiten, davon 13 auch vom EvThom bezeugt):

1.: EvThom 14,2
4.: EvThom 2; 92,1; 94
8.: EvThom 3,1; 51; 113
9.: EvThom 8,2; 21,5; 24,4; 63,2; 65,2; 96,2;
12.: EvThom 21,3; 103
13.: EvThom 22,3-4
14.: EvThom 17
19.: EvThom 14,3
20.: EvThom 22,1-2
21.: EvThom 24,1-3
22.: EvThom 31
23.: EvThom 44
24.: EvThom 79,1-2

Dreifache unabhängige Bezeugtheit (36 Überlieferungseinheiten, davon 26 auch vom EvThom bezeugt):

30.: EvThom 12
31.: EvThom 4,2
32.: EvThom 5,2; 6,4
33.: EvThom 6,3a
34.: EvThom 9
35.: EvThom 20,1-2
36.: EvThom 33,2
37.: EvThom 37
38.: EvThom 39,2
39.: EvThom 40
40.: EvThom 41
41.: EvThom 45
42.: EvThom 52
43.: EvThom 54
44.: EvThom 55,2b
45.: EvThom 61,4
46.: EvThom 65
47.: EvThom 66
48.: EvThom 68; 69,1
49.: EvThom 71
50.: EvThom 73
51.: EvThom 78
52.: EvThom 90
53.: EvThom 91, 1-2
54.: EvThom 93
55.: EvThom 100

Doppelte unabhängige Bezeugtheit (66 Überlieferungseinheiten, davon 37 auch vom EvThom bezeugt):

71.: EvThom 8,1
72.: EvThom 10
73.: EvThom 13
75.: EvThom 21,4
76.: EvThom 26
77.: EvThom 30
78.: EvThom 32
79.: EvThom 33,1
80.: EvThom 34
81.: EvThom 35
82.: EvThom 36
83.: EvThom 38,2
84.: EvThom 39,1; 102
85.: EvThom 46
86.: EvThom 47,2
87.: EvThom 47,3
88.: EvThom 47,4
89.: EvThom 55,1-2a; 101
90.: EvThom 57
91.: EvThom 61,1
92.: EvThom 62,1
93.: EvThom 62,2
94.: EvThom 63,1
95.: EvThom 64,1-2
96.: EvThom 69,2
97.: EvThom 72,1-3
98.: EvThom 76,1
99.: EvThom 76,2
100.: EvThom 79,3
101.: EvThom 86
102.: EvThom 89
103.: EvThom 95
104.: EvThom 96,1
105.: EvThom 99
106.: EvThom 104
107.: EvThom 107
108.: EvThom 109

Einfache Bezeugtheit (55 Überlieferungseinheiten, davon angeblich keine vom EvThom bezeugt, da Crossan alle solche Einheiten zur zweiten Schicht (60 bis 80 n. Chr.) zählt.

Zweite Schicht

(178 Überlieferungseinheiten, davon 26 mehrfach bezeugte und 152 einfach bezeugte) der Jahre 60 bis 80 n. Chr.

Mehr als dreifache unabhängige Bezeugtheit (3 Überlieferungseinheiten, keine vom EvThom bezeugt).

Dreifache unabhängige Bezeugtheit (5 Überlieferungseinheiten, keine vom EvThom bezeugt).

Doppelte unabhängige Bezeugtheit (18 Überlieferungseinheiten, davon 4 vom EvThom bezeugt):

205.: EvThom 1
206.: EvThom 3,2
208.: EvThom 11,1-2a; 111,1
209.: EvThom 75

Einfache unabhängige Bezeugtheit (152 Überlieferungseinheiten, davon 50 vom EvThom bezeugt):

278.: EvThom 4,1
279.: EvThom 5,1
280.: EvThom 6,2.3b
281.: EvThom 7
282.: EvThom 11,2b
283.: EvThom 6,1; 14,1
284.: EvThom 15
285.: EvThom 18,1-3
286.: EvThom 19,1
287.: EvThom 19,2
288.: EvThom 21,1-2
289.: EvThom 23
290.: EvThom 25
291.: EvThom 27
292.: EvThom 28
293.: EvThom 29
294.: EvThom 38,1
295.: EvThom 42
296.: EvThom 43
297.: EvThom 47,1
298.: EvThom 48; 106
299.: EvThom 49
300.: EvThom 50
301.: EvThom 53
302.: EvThom 56; 80
303.: EvThom 58
304.: EvThom 59
305.: EvThom 60
306.: EvThom 61,2-5
307.: EvThom 67
308.: EvThom 70
309.: EvThom 74
310.: EvThom 77,1
311.: EvThom 77,2
312.: EvThom 81
313.: EvThom 82
314.: EvThom 83
315.: EvThom 84
316.: EvThom 85
317.: EvThom 87
318.: EvThom 88
319.: EvThom 92,2
320.: EvThom 97
321.: EvThom 98
322.: EvThom 105
323.: EvThom 108
324.: EvThom 110
325.: EvThom 111,2
326.: EvThom 112
327.: EvThom 114

Dritte Schicht

(123 Überlieferungseinheiten: 23 mehrfach bezeugte und 100 einfach bezeugte) der Jahre 80-120 n.Chr.
(kein Stoff aus dem EvThom)

Vierte Schicht

(35 Überlieferungseinheiten: keine mehrfach bezeugt, 35 einfach bezeugte) der Jahre 120-150 n.Chr.
(kein Stoff aus dem EvThom)

Wir sehen also, dass ein sehr großer Teil des EvThom von anderen christlichen Überlieferungen ebenfalls bezeugt wird, und zwar von frühen Überlieferungen! Meistens sind das Schriften aus dem NT.
Doch wie ähnlich wird das Material von EvThom und NT bezeugt? Patterson hat die Parallelen zwischen EvThom und den synoptischen Evangelien gesammelt und in drei Grade der Verwandschaft eingeteilt[312]:
Als »Twins« (Zwillinge) bezeichnet er parallele Stellen, die sich sehr ähnlich sind. Gewiss überliefern sie den absolut gleichen Spruch. Doch wie echte Zwillinge können sie sich im Laufe ihrer Entwicklung etwas voneinander entfernt haben.
Als »Siblings« (Geschwister) bezeichnet er parallele Stellen, die ganz eindeutig etwas gemeinsam haben. Das mag eine auffällige Struktur sein, ein gemeinsam verwendetes Schlüsselwort oder ein gemeinsamer Gedanke. Es fehlt zwar die wörtliche Übereinstimmung mit der man sie als verschiedene Überlieferungen des gleichen Spruches deuten kann, aber ihre Entstehung unterlag gemeinsamen Einflüssen.
Mit »Cousins« werden eigentlich gar keine Parallelen mehr bezeichnet. Cousins haben zwar keine auffälligen Gemeinsamkeiten, aber es gibt auch keinerlei Anzeichen dafür, dass der erste an einem anderen Ort oder zu einer anderen Zeit entstanden sein muss als der zweite. Sie sind inhaltlich keine Parallelen, aber räumlich wie zeitlich könnten sie es sein.
Der Vollständigkeit halber gebe ich hier die Übersicht wieder, die Patterson aufgestellt hat[313]. In seine Übersicht habe ich noch eine weitere Spalte unter der Bezeichnung »Andere« eingefügt, die auf wichtige Stellen außerhalb der Synoptiker verweist[314].

[312] Diese drei Grade beschreibt Patterson in den Seiten 17-18.

[313] Patterson hat seine Tabelle auf den Seiten 95-97 abgedruckt. Angaben in [eckigen Klammern] bezeichnen nur »rough parallels«.

[314] Diese Verweise habe ich der Homepage des »Christian Ressource Institute« entnommen (www.cresourcei.org/thomas.html). Auf die Parallele Logion 40 zu Joh 15,5-6 hat mich meine Freundin Kirsten Darby hingewiesen.

Thomas	Matthäus	Markus	Lukas	Andere	Verhältnis
1				Joh 8,51	Siblings
2,1	7,7		11,9 (Q)		Twins
3,1-3			17,20-21		Siblings
4,1	[19,13-15]	[10,13-16]	[18,15-17]		Cousins
	[18,3]				
4,2	19,30	10,31	13,30		Twins
	20,16				
5,2		4,22	8,17		Twins
	10,26		12,2 (Q)		
6,1-4	[6,16-18]				Cousins
	[6,2-4]				
	[6,5-13]		[11,1-4] (Q)		
6,5-6		4,22	8,17		Twins
	10,26		12,2 (Q)		
8,1-4	13,47-50				Siblings
9,1-5	13,3-9	4,2-9	8,4-8		Twins
10			12,49		Twins
11,1	5,18		16,17 (Q)		Siblings
	24,35	13,31	21,33	2 Pet 3,10	
12,1-2	16,13-20	8,27-30	9,18-22		Cousins
13,1-8	16,13-20	8,27-30	9,18-22		Cousins
14,1-3	[6,1-8.16-18]				Cousins
14,4			10,8-9		Twins
14,5	15,11.18	7,15.18			Twins
16,1-4	10,34-36		12,51-53 (Q)		Twins
17	[13,16-17]		[10,23-24] (Q)	1 Kor 2,9	Cousins
20,1-4	13,31-32	4,30-32	13,18-19		Twins
21,5	24,43		12,39 (Q)		Twins
21,9		4,29			Twins
22,2	18,3	[10,15]	[18,17]		Siblings
24,1				Joh 13,36	Siblings
24,3	[6,22-23]				Cousins
25,1-2	22,39	12,31	10,27		Siblings
26,1-2	7,3-5		6,41-42 (Q)		Twins
31,1	13,57	6,4	4,24	Joh 4,44	Twins
32	5,14b				Siblings
33,1	10,27		12,3 (Q)		Twins
33,2-3	3,15		11,33 (Q)		Twins
		4,21	8,16		

Thomas	Matthäus	Markus	Lukas	Andere	Verhältnis
34	15,14		6,39 (Q)		Twins
35,1-2	12,29	3,27	11,21-22 (Q/Mk.)		Twins
36	6,25-33		12,22-30 (Q)		Siblings
38,1	[13,16-17]		[10,23-24] (Q)		Cousins
39,1-2	23,13		11,52 (Q)		Twins
39,3	10,16b				Twins
40				Joh 15,5-6	Siblings
40,1-2	15,13				Siblings
41,1-2	13,12	4,25	8,18b		Twins
	25,29		19,26 (Q)		
43,1				Joh 8,25	Siblings?
43,3	7,16a.17-18		6,43-44a (Q)		Siblings
	12,33				
44,1-3	12,31-32	3,28-29			Twins
			12,10 (Q)		
45,1	7,16b		6,44b (Q)		Twins
45,2	12,35		6,45a (Q)		Twins
45,3-4	12,34b		6,45b (Q)		Twins
46,1	11,11		7,28 (Q)		Twins
46,2	18,3	10,15	18,17		Twins
47,2	6,24		16,13 (Q)		Twins
47,3			5,39		Twins
47,4	9,17	2,22	5,37-38		Twins
47,5	9,16	2,21	5,36		Twins
48	[21,21]	[11,23]			Cousins
54	5,3		6,20b (Q)		Twins
55,1-2	10,37-39		14,26-27 (Q)		Twins
57,1-4	13,24-30				Twins
58	[5,10.11]		[6,22] (Q)		Cousins
59				Joh 7,34 Joh 13,33	Siblings
61,1			17,34a		Twins
62,1	[13,10-13]	[4,10-12]	[8,9-10]		Cousins
62,2	6,3				Twins
63,1-4			12,16-21		Twins
64,1-12	22,1-14		14,15-24 (Q)		Siblings
65,1-8	21,33-41	12,1-9	20,9-16		Twins
66	21,42	12,10-11	20,17-18		Twins
68,1	5,10-12		6,22-23 (Q)		Twins

Thomas	Matthäus	Markus	Lukas	Andere	Verhältnis
69,1	5,10-12		6,22-23 (Q)		Twins
69,2	5,6		6,21a (Q)		Siblings
71	26,61	14,58			Twins
	27,40	15,29			
	24,42	13,2	21,6		
72,1-3			12,13-14		Twins
73	9,37-38		10,2 (Q)		Twins
76,1-2	13,45-46				Twins
76,3	6,19-20		12,33 (Q)		Twins
77,1-2				Joh 8,12	Twins
				Joh 1,3	
78,1-3	11,7-9		7,24-26 (Q)		Siblings
79,1-2	6,19-20		12,33 (Q)		Twins
79,3	23,29				Twins
86,1-2	8,20		9,58 (Q)		Twins
89,1-2	23,25-26		11,39-41 (Q)		Twins
90,1-2	11,28-30				Twins
91,1-2	16,3b		12,56	Joh 9,36	Twins
92,1	7,7		11,9 (Q)		Twins
93,1-2	7,6				Twins
94,1-2	7,7				Twins
95,1-2	5,42 (?)		6,34-35a (Q?)		Siblings
96,1-3	13,33		13,20-21 (Q)		Twins
99,1-3	12,46-50	3,31-35	8,19-21		Twins
100,1-4	22,15-22	12,13-17	20,20-26		Twins
101,1-2	10,37-39		14,26-27 (Q)		Twins
103	24,43		12,39 (Q)		Siblings
104,3	9,15	2,20	5,35		Siblings
106,2	17,20b	11,23a			Siblings
	21,21b				
107,1-3	18,12-14		15,3-7 (Q)		Twins
109,1-3	13,33				Siblings
113,1-4			[17,20-21] (Q?)		Siblings

Patterson untersuchte zunächst die Twins, dann die Siblings und Cousins. Er kommt zum Schluss, dass die Unabhängigkeit vom NT allein schon durch die große Anzahl an Siblings deutlich wird, weil diese im Wortlaut so weit abweichen[315]. Die Cousins wertet er als Hinweis darauf, dass das EvThom Zugriff auf noch andere frühchristliche Quellen hatte.

[315] Patterson, Seite 91.

Bei der Untersuchung der Twins wird deutlich, dass im EvThom der Stoff aus Q mit weniger redaktionellen Eingriffen überliefert wird[316]. Ein gutes Beispiel hierfür ist das Gleichnis des verlorenen Schafes (EvThom 107 / (Q) Lk 15,3-7 / Mt 18,12-14). Lukas fügt dem Gleichnis eine Einleitung (Lk 15,1-3) und eine Beschreibung der Freude des Schäfers (Lk 15,5-6) hinzu. Auf diese Weise kann er das Gleichnis so deuten, dass sich Gott über jedes neue Mitglied der Kirche freut (Lk 15,7). Matthäus hingegen gestaltet es zu einer Mahnung, dass niemand von der Gemeinde abfallen solle (Mt 18,14). Derartige redaktionelle Einschübe fehlen bei Thomas. Hätte das EvThom diese Stellen vom NT übernommen, hätte es im selben Zuge auch diese Eingriffe übernommen. Dies ist aber nicht der Fall[317]. Dieser Aspekt, dass im EvThom weniger redaktioneller Einfluß herrscht[318], spricht für eine vom NT unabhängige und frühere Datierung[319].
dass im EvThom Stoff gekürzt wurde, ist sehr unwahrscheinlich. Das EvThom ist eine kumulative Sammlung: Neuer Stoff wurde angehängt, aber Vorhandenes wurde nicht ausgetilgt[320].
Im EvThom fehlt also jede Art von Rahmenerzählung wie bei den NT-Evangelien oder gnostischen Dialog-Evangelien. Die Sprüche sind inhaltlich nicht sortiert und unsere Aufmerksamkeit wird ungeteilt auf jeden einzelnen Spruch gelenkt[321]. Trotzdem kann man von einem »Evangelium« sprechen, weil es eine eigene weisheitliche Theologie überliefert und sie als erlösende Botschaft versteht[322].
Wenn heute noch argumentiert wird, das EvThom wäre vom NT abhängig[323], wird geltend gemacht, dass die Wortwahl im EvThom zuweilen an Mt erinnert. Davies[324] hat sehr gut zusammengefasst, dass solch eine sprachliche Beeinflussung unvermeidlich ist, wenn z.B. das EvThom vom Griechischen ins Koptische kopiert wird, aber auch bei einfachen Abschriften. Die damaligen Schreiber waren auch mit kanonischen Evangelien so vertraut, dass sie bei Abschriften die verschiedenen Evangelien unwissentlich harmonisiert haben. Diese Harmonisation ist kein ungewöhnliches Phänomen in der urchristlichen Literatur.

---

316 Patterson, Seite 70.
317 Patterson, Seite 71.
318 Zöckler, Seiten 41-44, vergleicht ebenfalls den redaktionellen Einfluss.
319 Zöckler, Seite 53.
320 Zöckler, Seite 24.
321 Zöckler, Seite 29.
322 Zöckler, Seiten 10-12, verweist auch auf Vielhauer, Seite 622.
323 Diese Position vertritt Schröter auf den Seiten 467-468.
324 In seinem Aufsatz »Mark´s Use of the Gospel of Thomas« (in: Neotestamentica 30 (2) 1996 pp. 307-334).

Wer also auf die Abhängigkeit des EvThom vom NT beharrt, so Cameron[325], muss erklären, wie die Unterschiede in Reihenfolge und Wortwahl des Inhaltes entstanden und wieso im EvThom (im Gegensatz zu anderen gnostischen Schriften[326]) keine biographischen Erzählungen übernommen wurden. Die Abwesenheit redaktioneller Eingriffe dürfte allerdings das stärkste Argument sein, mit dem die Unabhängigkeit des EvThom und eine frühere Datierung begründet ist.

---

[325] Cameron, Seite 537.

[326] Cameron (Seite 537) verweist auf das »Apokryphon des Jakobus« (NHC I,2), das »zweite Traktat des großen Seth« (NHC VII,2) und die »Apokalypse des Petrus« (NHC VII,3) – gnostische Schriften, die von Tod und Auferstehung Jesu berichten. Gnostiker waren also durchaus willens, diese narrativen Elemente zu übernehmen.

3. Das EvThom und Q

John S. Kloppenborg hat mit seiner Untersuchung zu Q viel Zustimmung geerntet[327]. Er hält Q für eine Schrift aus einem Guss, die aber aus 6 weisheitlichen Reden entstanden ist (welche die Schicht Q_1 bilden). Zwischen diese sind später apokalyptische Sprüche eingefügt wurden, und zum Abschluss kam noch eine kleine biographische Einleitung hinzu. Die identischen Strukturen der Reden in Q legen nahe, dass Q nicht wie das EvThom kumulativ gewachsen ist, sondern seine jetzige Gestalt in einer einheitlichen Komposition fand[328]. Das Q-Material teilt er in 14 getrennte Abschnitte ein, die sich den drei Schichten Q_1, Q_2 und Q_3 wie folgt zuordnen (gezählt wird nach Lk):

1.	Q 3,7-9. 16-17	Q_2
2.	Q 4,1-13	Q_3 - die Versuchung Jesu
3.	Q 6,20b-49	Q_1 - die erste Rede
4.	Q 7,1-10. 18-28; (16,16); 7,31-35	Q_2
5.	Q 9,57-62; 10,2-16. 21-24	Q_1 - die zweite Rede
6.	Q 11,2-4. 9-13	Q_1 - die dritte Rede
7.	Q 11, 14-26. 29-32. 33-36. 39-52	Q_2
8.	Q 12,2-12	Q_1 - die vierte Rede
9.	Q 12, (13-14. 16-21.) 22-31. 33-34	Q_1 - die fünfte Rede
10.	Q 12, 39-40. 42-46. 49. 51-53. (54-56.) 57-59	Q_2
11.	Q 13,18-19. 20-21	Q_1?
12.	Q 13,24-30. 34-35; 14,16-24. 26-27; 17,33; 14,33-34	Q_1 - die sechste Rede
13.	Q 15,3-7; 16,13. 17-18; 17,1-6	?
14.	Q 17,23-37; 19,12-27; 22,28-30	Q_2

Die Abschnitte 11 und 13 sind schwer einzuordnen[329].

Zu den ureigenen Besonderheiten von Q gehört z.B., dass dort der kommende Menschensohn erwartet wird[330]. Doch die Analyse von Q zeigt, dass eigentlich prophetische Merkmale fehlen[331]. Vielmehr macht Q einen weisheitlichen Eindruck. Schon 1898 hat J. Weiß anhand der Q-Texte

---

[327] Crossan, Patterson, Davies, Schröter und Zöckler heben ihn hervor und berufen sich zu Q meist so gut wie ausschließlich auf Kloppenborg. Vgl. etwa Zöckler, Seiten 56-57.

[328] Zöckler, Seite 67, verweist auf R. Piper.

[329] Zu Abschnitt 11, der eventuell zu Q_1 gehört, vgl. Kloppenborg, Seite 223, Anmerkung 214. Zu Abschnitt 13, den Kloppenborg kaum einordnen mag, vgl. Kloppenborg, Seite 100.

[330] Schröter, Seite 92.

[331] Kloppenborg, Seite 321.

vermutet, sie würden auf eine urchristliche Quellenschrift hindeuten, in der Jesus als personifizierte Weisheit spricht. Dass diese Personifikation der Weisheit tatsächlich eine Quelle des Christentums ist, wurde durch die Nag Hammadi Texte endgültig bewiesen[332].

Den Grundstock von Q bilden also sechs weisheitliche Reden[333]. Einige der Sprüche stammen noch aus der Phase des Wanderpredigens[334] – jener Lebensweise, die Jesus seinen Jüngern vorgelebt hat, und die Patterson auch für die Wiege des EvThom hält. Q will das Weltbild der Adressaten vollkommen umwälzen und nutzt Paradoxien, um zum Nachdenken über die weltliche Ordnung zu nötigen und die radikale Veränderung durch das Königreich zu veranschaulichen[335]. Darin erkenne ich eine große Gemeinsamkeit zwischen der ältesten Schicht in Q und dem EvThom. Auch die Anrede des Jüngers als »Sohn« entstammt der weisheitlichen Tradition[336]. Die ältesten Q-Texte sind in Form und Inhalt weisheitlich[337].

Zu ihnen gesellt sich das apokalyptische Material aus Q_2. Hintergrund waren Rückschläge in der urchristlichen Mission. Indem Jesus nun als ebenso erfolglos geschildert wird, kann man das eigene Versagen als Teilhabe an Jesu Leiden verstehen[338]. Die Q-Gemeinde tröstet sich damit, genau wie Jesus von der ungerechten Welt zurückgewiesen zu werden. Für die ablehnende Haltung der Anderen empfindet sie Zorn und droht mit der göttlichen Strafe.

In Q gelingt ein Brückenschlag, der im Urchristentum eigentlich recht unüblich war. Während im EvThom die weisheitliche Tradition gegen die apokalyptische streitet – und die Apokalyptik im 1. Korintherbrief gegen die Weisheit streitet – finden wir in Q diese beiden Strömungen in einer gemeinsamen Schrift[339] friedlich beeinander.

Eine letzte Bearbeitung, eine »final recension«, erfuhr Q, indem sie durch eine kleine biographische Einleitung ergänzt wurde. Damit wuchs Q zu einer ähnlich hochentwickelten Form der Spruchsammlungen wie die »Sprüche des Ahikar«, das »Leben des Aesop« oder Lucians

---

[332] Zöckler bietet auf den Seiten 96-98 eine gute Zusammenfassung über das Verhältnis von Q und EvThom und sieht die Thesen Vielhauers und Kloppenborgs, die ohne Einbeziehung des EvThom entstanden sind, durch das EvThom im Nachhinein bestätigt.

[333] Kloppenborg, Seite 317.

[334] Kloppenborg, Seite 318.

[335] Kloppenborg, Seiten 320-321.

[336] Robinson, Seite 81 (Anmerkung 38), erkennt Sirach 31,22 als Ursprung dieser Anredeform.

[337] Von Lips, Seiten 224f.

[338] Kloppenborg, Seite 325 (ihm folgend Crossan, Seite 313).

[339] Crossan, Seiten 313-314.

»Demonax«[340], die ebenfalls durch solche biographischen Einleitungen autorisiert werden sollten. Diese Entwicklung in der Phase Q_3 ist also nicht unbedingt ungewöhnlich. Wenn Q nicht so pessimistisch in die Zukunft blicken würde, wäre es mit »Demonax« recht eng verwandt[341].
Das EvThom hat mit Q mehr gemeinsam als mit irgendeiner anderen Schrift des NT. Beide sprechen noch nicht von einer Kreuzigung oder Auferstehung Jesu; beide verwenden noch keine Titel wie Christus, Messias, Herr oder Sohn Gottes für Jesus. Aber EvThom ist noch ursprünglicher als Q: In Q hat Jesus bereits das Attribut des kommenden Menschensohnes erworben[342]. Im EvThom umfasst das Wort »Menschensohn« noch keine dem ähnliche Bedeutung[343]. Auch sind die Reden in Q zu einem größeren Bogen komponiert, der im EvThom noch fehlt[344].
Trotzdem sind Q und EvThom echte Parallelerscheinungen[345] und überliefern in der Personifikation der Weisheit ein gemeinsames Jesusbild[346]. Nur hat Q eine andere Entwicklung als das EvThom durchgemacht[347]. Q mag im frühen Stadium von Q_1 ganz ähnlich wie das EvThom ausgesehen haben, wurde aber später etwas verändert[348] – und aus einer radikalen Ausrichtung auf das weisheitliche Königreich wurde eine radikale apokalyptische Drohung[349]. Und doch hat die Phase Q_2 nicht den Stoff aus Q_1 einfach weggelassen. Auch in Q wurde – wie im EvThom – Neues hinzugefügt, Altes aber nicht dafür weggelassen. So verschmolzen in Q nicht nur verschiedene Sprüche zu einer Sammlung, sondern auch verschiedene Theologien[350] zu einem Evangelium.

---

[340] Kloppenborg, Seiten 325-327.

[341] Kloppenborg, Seite 324. Und man bedenke, dass Q erst durch die Schicht Q_2 so pessimistisch geworden ist, also in der Schicht Q_1 dem Demonax noch viel ähnlicher ist.

[342] Zöckler, Seiten 54-55.

[343] Köster, Seite 160: Das EvThom wurde geschrieben, als Jesus noch nicht als kommender Menschensohn erwartet wurde.

[344] Zöckler, Seite 63.

[345] So bereits Schneemelcher, Seite 96.

[346] So von Lips, Seiten 267 und 354, aber auch Kloppenborg, Seiten 319-320 (mit einigen Beispielen).

[347] Kloppenborg, Seite 322.

[348] Schröter, Seite 460.

[349] Vgl. dazu Patterson (Seite 107) der dort Köster aus »Ein Jesus« zitiert.

[350] Vgl. dazu auch Patterson, Seiten 23-24.

Die fertige Gestalt des EvThom vergleicht Kloppenborg eher mit esoterisch-hermeneutischen Spruchsammlungen wie den pythagoräischen »Acousmata« oder den »Lehren des Silvanus«[351]. Dass die »mystisch-pneumatische« Weisheit Salomos[352] gedanklich so eng mit dem EvThom verwandt ist, passt recht gut dazu.

Bei einem Vergleich von Q und dem EvThom muss auch der Bezeugtheit der Quellen Rechnung getragen werden. Während wir das EvThom genau kennen und es als NHC II,2 im koptischen Museum zu Kairo liegt, ist Q nur eine theoretische Größe. Wir können uns über den genauen Umfang von Q nicht sicher sein[353].

Es gibt also viele Gründe, dem EvThom gegenüber Q den Vorzug zu geben: Das EvThom ist so ursprünglich wie Q_1, es wurde nicht nachträglich redaktionell bearbeitet und es liegt uns im Gegensatz zu Q tatsächlich vor.

---

[351] Kloppenborg, Seite 327.

[352] So bezeichnet von Lips wörtlich auf Seite 107 die mit Sap Sal verbundene Strömung.

[353] Schröter, Seiten 61-62, fasst die Gründe dafür zusammen.

4. Das EvThom und Paulus

Paulus fordert in seinen Briefen, die jüdischen Gesetze nicht wichtig zu nehmen – etwa in der Frage der Beschneidung. In diesem Punkt hat das EvThom ihm zugestimmt. Allein, dass Paulus und EvThom die gleichen typischen Probleme der 50er Jahre behandeln, ist ein Hinweis darauf, dass sie Zeitgenossen waren[354].

Doch Paulus wendet sich nicht nur gegen die jüdische Gesetzestradition. Auch die jüdische Weisheitstradition greift er an. Dabei benutzt Paulus selber weisheitliches Vokabular[355]. Doch dies tut er nur, um seine Theologie zu illustrieren; inhaltlich denkt er kaum weisheitlich[356]. Wahrscheinlich war sein Ziel, den weisheitlichen Einfluss, unter dem seinerzeit die gesamte jüdische wie hellenistische Welt stand, umzudeuten und für seine Zwecke zu nutzen. Heute könnte man sagen, dass Paulus mit der Dominanz des konstantinischen Christentums einen späten Sieg davon getragen hat.

Zum Beispiel: Im 1. Korintherbrief 2,9 wendet sich Paulus gegen eine weisheitliche Formulierung, die aus EvThom, Logion 17 stammt[357]. Paulus Gegner, die in Korinth zu den »starken Leuten« in der Kirche zählen, waren also ziemlich sicher so etwas wie Thomas-Christen: Sie wähnten sich im Besitz der göttlichen Weisheit, in die sie angeblich durch Apostel eingeweiht wurden[358].

Um Gegenposition gegen das EvThom und seine Aufforderung zur Erkenntnis (z.B. Logien 3; 5; 18!; 67) zu beziehen, formuliert Paulus in 1Kor 13,12b: »Jetzt erkenne ich (nur) stückweise, dann aber (im zukünftigen Königreich) werde ich ganz erkennen«[359]. Paulus spricht der weisheitlichen Suche nach Gott also jede Chance auf Erfolg ab.

Paulus rechnet seine Gegner, die inhaltlich weisheitlich dachten, zur »Gnosis«[360]. In 1Kor 8,1b-2 entgegnet er ihnen in seiner ganz eigenen Logik: »Die Erkenntnis (»Gnosis«!) bläht auf, die Liebe aber baut auf. Wenn jemand meint, etwas erkannt zu haben, so hat er noch nicht erkannt, wie man erkennen soll.«

---

354 Patterson, Seiten 88f.

355 Von Lips, Seiten 354f.

356 Von Lips, Seiten 264f.

357 Patterson, Seite 108.

358 Crossan, Seite 312, beruft sich hierbei auf Köster.

359 Zöckler, Seite 178.

360 So Patterson, Seite 104, Anmerkung 33.

5. Das EvThom und Markus

Die Überlieferungen, die sowohl bei Mk wie auch im EvThom bezeugt sind, weisen bei Mk viel mehr (spätere) redaktionelle Eingriffe auf. Es ist daher schon sehr früh festgestellt worden, dass Mk später entstanden ist und die Überlieferung in ihm mehr als im EvThom verändert wurde[361].

Mk könnte sogar das EvThom zur Abschrift benutzt haben, diese These vertritt vor allem Stevan Davies[362]. In Mk 4 und Mk 13 stehen viele Sprüche versammelt, die wir aus dem EvThom kennen. In der Tat besteht Mk 3,35-4,34 fast nur aus Logien des EvThom[363].

Es findet sich aber keine breite Zustimmung dafür, dass Mk wirklich aus dem EvThom abgeschrieben hat. Als sicher gilt nur, dass zwischen den Quellen von EvThom und Mk »enge Beziehungen bestanden haben müssen«[364].

Wie auch immer wir uns diese »engen Beziehungen« vorstellen dürfen: der Platz des EvThom liegt nicht am Rande der christlichen Überlieferung, sondern in der Mitte ihres Anfangs.

---

[361] Patterson, Seiten 22-23 und 31.

[362] Das tut er in seinem Aufsatz »Mark´s Use of the Gospel of Thomas« (in: Neotestamentica 30 (2) 1996 pp. 307-334).

[363] Das sind die Logien 35, 44, 99, 9, 62, 33, 6, 41, 21, 20 (in dieser Reihenfolge). Einzige Ausnahme bildet der interpretierende Eingriff in Mk 4,13-20. Nach: Davies, Kapitel 1.

[364] So wörtlich Zöckler, Seite 52, wo er sich auf Köster beruft.

6. Das EvThom und Matthäus / Lukas

Obwohl sie sehr viel später als Mk entstanden, und im wesentlichen Mk und Q benutzten, gibt es auch bei Mt und Lk noch interessante Aspekte, die das EvThom angehen und die nichts mit Mk oder Q zu tun haben.
Während Paulus nicht viel von weisheitlichen Spruchsammlungen gehalten haben mag und Mk (Paulus folgend) etwas ganz anderes als eine Spruchsammlung schuf, scheinen die weisheitlichen Sprüche bei Mt wieder zu großer Geltung zu kommen[365], indem Matthäus sie in großen zusammenhängenden Blöcken in sein Evangelium integriert. Sogar rabbinisches Material wird sowohl bei Mt 13,44 wie auch im EvThom 109 parallel überliefert[366]. Obwohl Lk das umfangreichste Sondergut einbringt, verfügt Mt doch über viele weisheitliche Sprüche, die Lk nicht benutzt[367]. Auch theologisch ähneln Mt und EvThom sich, da Mt die Verbindung Jesu mit der göttlichen Weisheit wieder intensiviert[368]. Unter den Evangelien des NT ist Mt der größte Verehrer der weisheitlichen Tradition.
Zu dieser Gemeinsamkeit kommt, dass Mt im sahidischen Dialekt des Koptischen weit verbreitet war. Wer immer das EvThom ins Koptische übersetzte oder abschrieb, dem müssen die Formulierungen aus Mt in den Sinn gekommen sein. So wurde das EvThom vermutlich noch Jahrhunderte nach seiner Entstehung an das Vorbild von Mt angeglichen[369]. Die Entstehung des EvThom vollzog sich aber ohne einen derartigen Einfluss[370].
Beim näheren Vergleich mit Lk fällt vor allem das Lk-Sondergut auf. Es weist – im Gegensatz zum Mt-Sondergut – einige Parallelen zum EvThom auf[371]. Obgleich also der Evangelist Lukas nicht viel mit Thomas gemeinsam hat, überliefert er in seiner breiten Palette – mit der er sich um Vollständigkeit bemüht – auch Material, das dem EvThom nahe steht.

---

365 Robinson, Seiten 104f.: Mt ist im NT am engsten mit weisheitlichen Spruchsammlungen verwandt.
366 Nach: Davies, Kapitel 1.
367 Patterson, Seiten 232 und 238.
368 Von Lips, Seite 354.
369 Zöckler, Seiten 39-40.
370 Patterson, Seiten 20 und 34.
371 Köster, Seiten 124 und 127.

7. Das EvThom und Johannes

Das Verhältnis zwischen EvThom und Joh ist vielleicht das spektakulärste unter allen hier zu betrachtenden. Wahrscheinlich ist die johannäische Tradition in Palästina entstanden, kam dann nach Syrien, wo sie nachhaltig beeinflusst wurde, und fand ihre schließliche Fixierung in Ephesus (damaliges West-Syrien), wo das Joh-Evangelium verfasst wurde[372]. Damit hat diese Traditionslinie ihre Form in jenen Gebieten gewonnen, in denen das EvThom weit verbreitet und akzeptiert war[373].

Diese beiden Evangelien sind sich auch ähnlicher, als jedes der beiden irgend einem Synoptiker[374]. Ein gutes Beispiel hierfür ist die aufschlussreiche Ähnlichkeit zwischen EvThom 24 und Joh 11,9-10, wo die Quelle des Lichts in einem Menschen des Lichts liegt[375]. Joh ist aber in seiner Theologie etwas weniger weisheitlich geprägt als das EvThom[376]. Vor allem sprechen beide die selbe Sprache.

Bis 1995 galt zu ihrem Verhältnis die Meinung von R. E. Brown, der die Schriften allerdings unter der Voraussetzung erforschte, das EvThom wäre später als Joh entstanden. Doch auch Brown musste bereits zugeben, dass im EvThom kein einziges Wort aus Joh zitiert wird[377]. 1995 zeigte Gregory Riley, dass eher in Joh auf das EvThom reagiert wurde[378], und diese Meinung setzt sich langsam durch[379]. Es sieht sogar so aus, als hätten sich diese beiden Linien in einem regelrechten Dialog befunden: Im »Buch des Thomas« und in den »Thomasakten« antwortet die Thomas-Tradition auf die johannäische Kritik[380].

Joh wirft Thomas in erster Linie vor, nicht an die körperliche Auferstehung Jesu zu glauben. Hierbei betont Riley, dass es in der Antike zwar ein weit verbreiteter Glaube war, der Mensch hätte eine unsterbliche Seele, die zuweilen sogar noch einmal auf der Erde in Erscheinung tritt – aber dass der materielle Körper aufersteht, galt damals einfach als lächerlich[381]. Celsus, ein Platoniker des zweiten Jahrhunderts, warf den Christen vor, einige unter ihnen würden sogar an die körperliche Auferstehung Jesu glauben.

---

372 Udo Schnelle (»Das Evangelium nach Johannes«, Leipzig 1998, Seite 6) verweist auf R. Schnackenburg.

373 Riley, Seite 80.

374 Riley, Seite 3.

375 Zöckler, Seiten 95-96.

376 Zöckler, Seite 135.

377 Riley, Seite 3, verweist so auf Brown, Seite 174.

378 Riley, Seite 3.

379 Zöckler, Seite 128, stimmt Riley darin zu.

380 Riley, Seite 68.

381 Riley, Seite 1.

Warum sollte die Seele einen Körper wollen, der verrottet ist[382]? Zur Zeit des Polykarp (der etwa von 110 bis 156 Bischoff von Smyrna war), hat offenbar noch die Mehrheit der Christen die Auferstehung des Leibes für unmöglich gehalten[383]. Paulus glaubt nur an die Auferstehung eines »geistigen Leibes« und auch Markus will sich noch nicht dafür einsetzen, dass der auferstandene Jesus einen materiellen Körper hatte[384].
Johannes muss also schwere Geschütze auffahren, um solchen Unglauben zu bekämpfen, und das tut er auch.
Sein Evangelium berichtet zunächst davon, dass Jesus den verstorbenen Lazarus auferweckt. Schon hier wird Thomas (stellvertretend für alle Thomas-Christen) als kleingläubiger Zweifler beschrieben, der Jesus eine solch machtvolle Tat nicht zutraut[385]. Genauso kleingläubig reagiert Thomas später, als man ihm erzählt, Jesu sei auferstanden. Thomas will dies nicht glauben, bevor er ihn nicht selbst berührt hat. Und er ist nicht damit zufrieden, die Hand oder den Arm Jesu zu berühren; er äußert sogar die obszöne Forderung, mit seinen Fingern in die Wunden Jesu zu fassen[386]. Jedem Leser des Johannesevangeliums muss dies höchst widerwärtig vorgekommen sein[387].
Solch abscheuliches Verhalten hat Konsequenzen. Als der auferstandene Jesus seinen Jüngern den heiligen Geist einhaucht und sie autorisiert, Sünden zu vergeben (sodass sie nun als Apostel auf Mission gehen können), fehlt Thomas ausdrücklich. Thomas ist also nach Johannes kein wirklich autorisierter Apostel[388]! In dieser Weise dürfen wir es wohl auch auslegen, wenn Johannes schildert, Thomas wüsste nicht den Weg, zu Jesus zu kommen[389].
Johannes geht in der Diskreditierung des Thomas noch weiter: Bei den Synoptikern wird Judas Iskarioth, der Verräter Jesu, »einer der Zwölf« genannt. Diese typische Bezeichnung verwendet Johannes aber für Thomas. Da Thomas den Eigennamen Judas hatte, wird die Verwechslung leicht. Bei Johannes soll Thomas schleichend mit dem Verräter Jesu gleichgesetzt werden[390].
Thomas wird oft vorgeworfen, er wäre ungläubig. So ganz falsch ist das auch gar nicht. Im EvThom wird nirgendwo gefordert, man solle »glau-

---

[382] Riley, Seite 59.
[383] Riley, Seite 60.
[384] 1 Kor 15,44. Nach Riley, Seite 8.
[385] Joh 11,16. Nach Riley, Seite 78.
[386] Joh 20,25.
[387] Riley, Seite 115.
[388] Riley, Seite 108.
[389] Joh 14,5. Vgl dazu Riley, Seite 5.
[390] Riley, Seiten 108-110.

ben«. Dort soll man »suchen«, »sich selbst erkennen«, und in das Königreich gehen, aber an Jesus zu »glauben« ist im EvThom nicht nötig[391]. Und so wendet sich Jesus bei Joh ganz explizit an Thomas und fordert ihn auf: »...sei nicht ungläubig, sondern gläubig.«[392]
Daraufhin entgegnet Thomas – und das ist der christologische Höhepunkt bei Joh: »Mein Herr und mein Gott!« Das ist die Bekehrung, die sich Johannes von allen Thomas-Christen wünscht[393]. Denn im EvThom wird nirgendwo dazu aufgefordert, Jesus als Gott zu verehren, vielmehr soll man dort selber wie Jesus werden. Indem Johannes berichtet, am Ende wäre selbst Thomas von seinem Irrweg abgekommen, legt er dasselbe allen Thomas-Christen nahe.

391 Riley, Seite 120.

392 Joh 20,27. Vgl. dazu: Riley, Seite 121.

393 Riley, Seiten 123-124.

Teil IV: Die Bedeutung des EvThom für das zukünftige Christentum

1. Die Suche nach dem historischen Jesus

Gnostiker wissen in aller Regel weniger als Agnostiker. Sie zögern, einem einzigartigen und recht myteriösen Phänomen einen Namen zu geben, weil sie fürchten, es damit auf einen Namen zu reduzieren. Wenn ich die unangenehme Aufgabe hätte, die Frage zu beantworten, ob Jesus ein gesetzestreuer Pharisäer oder ein rebellischer Zelot war, würde ich vielleicht sagen: »Keines von beiden, da er ein Gnostiker war.«

Gille Quispel[394]

Im 19. Jahrhundert bereits nahmen christliche Forscher ihren wissenschaftlichen Anspruch so ernst, dass sie die Frage nach dem historischen Jesus stellten. Wer war Jesus wirklich? Sie wollten allein das NT und keine kirchlichen Dogmen mehr darüber entscheiden lassen[395]. Und sogar innerhalb des NT differenzierten sie: So maßen sie dem Johannesevangelium weniger Quellenwert als den Synoptikern zu. Die Suche nach dem historischen Jesus nutzte alle derzeitigen wissenschaftlichen Methoden: Als die Zweiquellentheorie Mk und Q als älteste christliche Evangelienüberlieferung im NT erkannte, wurden auch diese beiden Quellen gleich von den Forschern des historischen Jesus zu ihren aussagekräftigsten Quellen erklärt. Das 19. Jh. schloss damit, den historischen Jesus als einen »liberalen«[396] Jesus zu verstehen, der am besten in Mk und Q beschrieben wird[397].

Doch Albert Schweitzer machte der Suche nach dem historischen Jesus einen Vorwurf, der noch heute immer wieder erhoben wird: Die Forscher projizierten ihr eigenes Ideal einer inneren Haltung auf Jesus. Jeder erkannte in ihm etwas anderes, so wie es den eigenen Überzeugungen entsprach[398]. Diese erste Runde in der Suche nach dem historischen Jesus endete in Verunsicherung und der Desorientierung durch die Weltkriege.

---

[394] Quispel, Seite 294, nach meiner Übersetzung.

[395] Müller, Seite 3.

[396] Ich frage mich nur, ob der »liberale« Jesus der Orthodoxie oder der Häresie gegenüber liberal war. Vermutlich beides.

[397] Müller, Seite 4.

[398] Müller, Seite 4.

Rudolf Bultmann läutete eine zweite Runde dieser Suche ein. Er sagte: Wir können aus den christlichen Evangelien keine historische Biographie rekonstruieren. Wir sollten uns deshalb darauf konzentrieren, was Jesus zeitlebens gesagt hat. Zu diesem Zweck wurde im NT nach immer älteren Überlieferungsschichten geforscht und die Sprüche Jesu formgeschichtlich in kleinsten Einheiten penibel untersucht[399]. Das begehrte Objekt dieser Suche war das »Urkerygma«, jene mündliche Überlieferung, aus der das NT entstanden ist, und die aus dem Munde Jesu stammt. Nach einem Treffen deutscher Forscher 1953 und einem Aufruf von Ernst Käsemann machten sich Bultmanns Schüler an die Arbeit[400].

Zu diesem Zeitpunkt war auch das EvThom bereits in Nag Hammadi entdeckt. Doch es wurde erst 1959 der Öffentlichkeit zugänglich, und leider wurde zunächst auch angenommen, dass es erst im 2. Jh. entstanden und für die Suche nach dem historischen Jesus völlig belanglos sei. Die meisten Forscher der »zweiten Runde« hatten ihre Arbeiten über den historischen Jesus schon abgeschlossen und auch die Nachzügler unter ihnen nahmen das EvThom nicht ernst[401]. Auch in der zweiten Runde wurden also nur kanonische Schriften benutzt[402].

Amerikanische Forscher eröffneten in den 80er Jahren die »third quest«, die dritte Runde der Suche nach dem historischen Jesus. Sie wollten sich nicht mehr durch den kirchlich-dogmatischen Kanon des NT einengen lassen[403] und auch außerkanonische Schriften verwenden, wenn sie besonders alte und zuverlässige Quellen darstellen. In diesem Rahmen wird dem EvThom das größte außerkanonische Gewicht zugestanden[404]. Zugleich will die »third quest« nicht nur nach historischen Jesus-Worten suchen (wie es die zweite Runde tat), sondern auch die zeitgenössische Kultur zur näheren Einordnung heranziehen. Und natürlich haben sich auch Forscher in die »third quest« eingeschaltet, die nach wie vor das NT als alleinige Quelle verwenden wollen. Und selbst dort, wo das EvThom verwendet wird, wird unterschiedlicher Nutzen daraus gezogen. Immer noch findet jeder seinen eigenen historischen Jesus[405].

---

399 Müller, Seite 4.
400 Patterson, Seite 218.
401 Patterson, Seite 219.
402 Scheliha, Seite 25.
403 Schröter, Seite 8.
404 Scheliha, Seite 25.
405 Albert Schweitzers Projektionsvorwurf wird deshalb immer wieder erneuert. Scheliha, Seite 26.

Eine repräsentative Auswahl[406] der momentanen Arbeiten der third quest sieht entsprechend vielseitig aus, je nachdem, welche Quellen[407] die Forscher für ihre Arbeit benutzen wollten:

- Der jüdische Gelehrte Geza Vermes glaubt, Jesus sei ein typischer Jude Galiläas, der den dortigen religiösen Bewegungen entspricht, etwa den charismatischen Frommen[408] oder den Zeloten. Sein Buch heißt: »Jesus der Jude. Ein Historiker liest die Evangelien«. Seine Quellen sind allerlei jüdische Schriften[409] und das NT.
- Der Amerikaner John Dominic Crossan verwendet kanonische wie außerkanonische christliche Quellen gleichberechtigt und kommt zum Schluss, das Judentum zur Zeit Jesu hätte tiefe Prägung durch den Hellenismus aufgewiesen und Jesus sei in diesem Sinne ein jüdischer Cyniker oder auch cynischer Jude, wobei sich sein Cynismus in seinem Lebensstil als Wanderprediger äußerte. Sein Buch heißt: »Der historische Jesus«. Seine Quellen verwendet er sehr differenziert, weil er sie in vier verschieden frühe Schichten unterteilt. Er verwendet vorzugsweise die ältesten christlichen Schriften[410].
- Ed Parish Sanders, ebenfalls Amerikaner, spricht dem historischen Jesus vor allem zwei Attribute zu: Er war ein Eschatologe, also ein Apokalyptiker wie in Q, und er war ein Prophet. Sein Buch heißt auf deutsch: »Sohn Gottes. Eine historische Biographie«. Seine Quellen zieht er vor allem aus den vier Evangelien des NT.
- Marcus J. Borg sieht in Jesus einen unangepassten Weisen, den besondere Kräfte des Geistes durchströmen. Er war bemerkenswert frei, zu verstehen und zu lieben, was von seinem besonderen Geist herrührte. Sein Buch heißt: »Jesus. Der neue Mensch«. Seine Quellen sind die Evangelien, allerdings nur sofern sie »die Welt des Geistes« sichtbar und erfahrbar werden lassen. Er liest sie also unter eher spirituellen, beinahe esoterischen Gesichtspunkten.

---

[406] Nach: Müller, Seiten 5-6.

[407] Müller widmet sich den unterschiedlichen Quellen dieser 4 Bücher auf den Seiten 7-8.

[408] Dazu rechnet er besonders Choni und Chanina ben Dosa. Nach: Müller, Seite 6.

[409] Er verwendet Apokryphen und Pseudepigraphen, die Werke des Philo und des Josephus Flavius, jüdische Inschriften, die Qumran-Texte vom Toten Meer und rabbinische Schriften. Nach: Müller, Seite 7.

[410] Dazu zählen für ihn: Das Thomasevangelium, das Hebräerevangelium, die Quelle Q, eine bei Mk und Joh verwendete Sammlung von Wundererzählungen und das im Petrusevangelium überlieferte »Kreuzevangelium«. Nach: Müller, Seite 8; Crossan, Seiten 563-565.

Diese 4 Bücher fallen so unterschiedlich aus, weil ihre Autoren unterschiedliche Quellen auf unterschiedliche Weise benutzen möchten. Auch ihre Methoden sind unterschiedlich vielfältig. Unter ihnen verwendet Crossan das methodische Instrumentarium, das am breitesten gefächert ist. Müller schreibt über ihn:

»Er unterscheidet kulturübergreifende und epochenüberschreitende Fragestellungen der Sozialanthropologie (...), grundlegende historische Fragestellungen zur hellenistischen und griechisch-römischen Geschichte (...) und literarische Fragestellungen zur schriftlich fixierten Überlieferung von Jesus (...).«

Wir können also festhalten: In der ersten und zweiten Runde der Suche nach dem historischen Jesus wurde nach den ältesten und zuverlässigsten Quellen geforscht, um sich wissenschaftlich seriös und nicht kirchlich-dogmatisch der Wahrheit über Jesus zu nähern. Doch in den ersten beiden Runden schienen dazu keine Quellen nötig zu sein, die außerhalb des NT zu suchen wären. Seit den 80er Jahren jedoch wird immer deutlicher, dass das EvThom eine ältere und zuverlässigere Quelle über Jesus ist als irgend eine Schrift des NT, vergleichbar vielleicht mit der ältesten Schicht in Q, also »Q_1«. Wenn sich nun der wissenschaftliche Anspruch durchsetzen wollte, müsste man den historischen Jesus in erster Linie in EvThom und Q_1, und erst dann in anderen Quellen erkunden. Doch vielen Forschern geht dieser Verstoß gegen das kirchliche Dogma zu weit.
Dabei wird vom »historischen Jesus« immer mehr erwartet. Seit die Legende vom »orthodoxen Urchristentum« als Orientierungsmarke ausgefallen ist, fällt dem historischen Jesus diese Erwartung zu[411]. Und die moderne Forschung ist sich auch bereits einig, dass Jesus sich durch ein besonders nahes, intimes Verhältnis[412] zu Gott ausgezeichnet hat, das er Königreich genannt hat. Des weiteren setzt sich durch, dass Jesu Theologie vom Königreich eher weisheitlich als apokalyptisch war[413]. Dass das EvThom die einzige ungebrochene Überlieferung der Lehren Jesu ist[414], wird sich irgendwann auch in der Suche nach dem historischen Jesus durchsetzen. Wer jetzt noch erklärt, die Evangelien des NT dürften als wichtigste Quelle zum historischen Jesus auf keinen Fall abgelöst werden[415], outet sich meines Erachtens nach nur noch als unzureichend informierter Nostalgiker.

411 Köster, Seite 110.
412 Scheliha, Seite 28.
413 Von Lips, Seite 459.
414 Köster, Seite 130! Vgl. dazu auch Patterson, Seite 241.
415 Dies tut etwa Müller, Seite 12.

Und unsere Erkenntnisse zum historischen Jesus, die vor allem auf EvThom und Q_1 fundieren sollten, werden auch Konsequenzen für die systematische Theologie, vor allem die Christologie mit sich bringen. In diesem Fall müsste die Christologie in Zukunft ohne die »theologia crucis« auskommen. Andernfalls ignoriert sie EvThom und Q sträflich. Doch bis jetzt hat sich die systematische Theologie von der völlig neuen Quellenlage noch nicht anregen lassen. Arnulf von Scheliha formuliert: »Man hat den Eindruck: Der Gong zur »dritten Runde« ist für die systematische Theologie noch nicht erklungen«[416].

---

[416] Scheliha, Seite 22.

2. Wissenschaftliche Kategorien in der Krise?

Eine Wissenschaft, die im Netz ihrer eigenen unangemessenen Begriffe gefangen ist, tappt im Dunkeln. Es mag sein, dass weiter Material angehäuft werden kann, aber die unangemessenen Kategorien, mit denen es erfasst wird, vermindern seine Bedeutung und seinen Wert. An die Stelle geistigen Fortschritts tritt Geschäftigkeit.

James M. Robinson[417]

Die Suche nach dem historischen Jesus wurde schon vom EvThom herausgefordert. Heute muss man sich vor jeder Studie in diesem Gebiet entscheiden, ob man das EvThom und Q_1, oder lieber die vertrauten Evangelien des NT wichtiger nehmen will.

Im selben Zuge geriet auch die neutestamentliche Wissenschaft in eine Krise. Die Palette unserer Methoden ist unter anderem darauf ausgelegt, in den christlichen Schriften (des NT) nach kleineren Abschnitten zu forschen, die aus älteren Vorlagen stammen. Das Ziel dieser Suche war die absolut älteste Schicht, die Quelle aller Quellen. Wir wollten ein Ur-Evangelium rekonstruieren, aus dem alle anderen später entstanden sind. Dieses erste Evangelium gibt es aber nicht.

James Robinson denkt z.B. sehr kritisch über den Begriff »Hintergrund« nach[418]: Lange wurden die verschiedenen Ausprägungen der christlichen Schriften im NT mit ihrem »Hintergrund« erklärt. Wenn das Johannesevangelium eine deutliche Ähnlichkeit zur Gnosis hat, dann könnte man das dadurch erklären, dass es vor einem gnostischen Hintergrund geschrieben wurde. Die grundsätzliche Leistung dieses Modells ist es, eine ursprüngliche christliche Botschaft zu vermuten, die lediglich in verschiedenen Milieus (vor verschiedenen Hintergründen) aufgeschrieben wurde. Die göttliche Wahrheit selbst ist unwandelbar und kann sich nie geändert haben, allein die verschiedenen Menschen beschreiben sie verschieden. Doch seit Walter Bauer stellt sich heraus, dass die Christen schon von Anfang an höchst verschieden dachten. Diese Verschiedenheit lässt sich nicht auf verschiedene Hintergründe reduzieren. Robinson möchte darum das Modell der »Hintergründe« ablösen und lieber ein Modell verschiedener »Entwicklungslinien«[419] einführen. Das Modell der

[417] Robinson, Seite 3.

[418] Im folgenden Absatz beziehe ich mich auf Robinson, vor allem Seiten 8-9.

[419] Daher bereits der Titel des eminent wichtigen Buches von Köster und Robinson: »Entwicklungslinien durch die Welt des frühen Christentums«

»Hintergründe« schreibt er der ungerechtfertigten Sehnsucht nach einer harmonisierten Bibel-Theologie zu[420].
Seitdem scheint eine Krise ausgebrochen. Man schimpft vor allem auf die »formgeschichtliche« Methode[421]. Eigentlich hat diese Methode ganz gut funktioniert: Gattungsgeschichtlich wurde nach Vorbildern für die insgesamte Struktur und Erscheinung einer Schrift gesucht; formgeschichtlich wurde die Schrift in kleinste Einheiten zerlegt und deren Vorläufer bzw. Vorbilder gesucht[422], also deren »ursprüngliche Form«[423]. Das Problem ist nur: Der Ursprung der christlichen Überlieferung ist nicht schriftlich, sondern mündlich. Es wird also zu keinem nützlichen Ergebnis führen, nach einer »ursprünglichen Form« der schriftlichen Einheiten zu forschen. W. H. Kelber vertritt sogar den Standpunkt, dass die Verschriftlichung geradezu eine Gegenbewegung zur mündlichen Tradition darstellt. Er sagt: Das Markusevangelium ist entstanden, um die mündlich-lebendige Überlieferung mit einer schriftlich-unveränderlichen Interpretation aufzuhalten[424]. Der »tötende Buchstabe« tötet auf zweierlei Weise: Er beendet nicht nur die »prophetisch-charismatische Reaktivierung« der Wanderprediger, er tut dies auch mit der Schaffung einer Passionsgeschichte. Diese Passionsgeschichte, also die Tötung Jesu, soll den Worten und Taten Jesu einen unwiderruflichen Sinn verleihen.
Wenn also die Verschriftlichung eine Gegenbewegung zur mündlichen Überlieferung ist, die auch inhaltlich eine völlig andere Theologie transportiert, wie kann man dann mit der formgeschichtlichen Methode von der Schrift zum mündlichen Urkerygma vordringen? Man kann es nicht. Schröter spricht sich darum dafür aus, den urchristlichen Rückgriff auf Jesu Worte nicht als »Tradition«, sondern als »Erinnerung« zu begreifen[425]. Der Begriff »Tradition« täuscht vor, dass es von Jesu Worten bis zum NT eine geradlinige Entwicklung gegeben haben könnte.
dass viele Kategorien unserer Forschung nun wegfallen, wird auch nicht gerade dadurch ausgeglichen, dass Begriffe wie »gnostisch« oder »apostolisch« ihre Aussagekraft fast völlig verlieren[426].
Ich habe noch keine Arbeit gelesen, die mir überzeugend zeigen konnte, welche Begriffe und Kategorien wir in Zukunft verwenden sollten. Ich kann nicht glauben, dass wir nun verstärkt über urchristliche Erinnerung und weniger über urchristliche Tradition reden werden, und damit zu ver-

[420] Robinson, Seite 66.
[421] Schröter, Seiten 59 und 64.
[422] Robinson, Seite 67.
[423] Schröter, Seite 53, verweist auf H. W. Kelber, der diesen Ausdruck gewählt hat.
[424] Schröter, Seite 52, fasst Kelbers Theorie zusammen.
[425] Schröter, Seite 3.
[426] Köster, Seite 108.

lässlicheren Ergebnissen gelangen. Irgendwie gibt es in diesen Angelegenheiten entweder keinen Konsens, oder mit dem »Konsens« ist die Mehrheit unzufrieden. Wir bräuchten neue Methoden, deren Ergebnisse von allen anerkannt werden. Vielleicht aber sind unsere Methoden gar nicht so schlecht gewesen und sie haben uns lediglich zu Ergebnissen geführt, die wir gar nicht anerkennen möchten, weil sie unseren vertrauten und anerzogenen Vorstellungen widersprechen.

3. Gnosis und Christentum

Man mag unterschiedliche Ansichten über den Ursprung der Gnosis haben, und man mag darüber streiten, ob die Gnosis älter ist als das Christentum [...] Wichtiger ist zu erkennen, in welchem Ausmaß das Christentum in seiner Gesamtheit bestimmten theologischen Entwicklungen und Einsichten verpflichtet ist, die in verschiedener Hinsicht gnostische Züge tragen und mit dem späteren Gnostizismus eng verwandt sind.

Helmut Köster

Jene »Gnosis«, die innerhalb des Christentums so viele Strömungen versammelte, die einen Gegensatz zur »Orthodoxie« darstellen, hat sich entwickelt. Im Laufe ihrer Entwicklung hat sie verschiedene Formen angenommen. Wenn wir heute all diese Formen kombinieren würden, käme ein unmögliches und nie dagewesenes Modell zustande, das keinen Nutzen haben kann[427]. Wenn wir unter diesen Formen aber die wenigen Gemeinsamkeiten kombinieren, so erhalten wir ein Modell von Gnosis, das einfacher und weiter verbreitet ist: Jeder kann sich durch Erkenntnis selbst erlösen. Doch diese »Gnosis« bildete nie eine einheitliche Linie.

Aus dieser Gnosis entstanden, aber sehr viel weiter entwickelt, ist der christliche Gnostizismus mit seinem Merkmal: »Die Welt (und der Mensch als irdisches Wesen) ist die Schöpfung eines aus der Lichtwelt gefallenen Wesens (Demiurg) und damit Produkt widergöttlicher Macht.[428]«. Die Religionswissenschaftler haben aber eine eigene Definition[429] erarbeitet, mit der sie das Phänomen Gnosis auch außerhalb des Christentums erkennen. Nach dieser Definition kann man auch das EvThom durchaus gnostisch nennen. Zum christlichen Gnostizismus hingegen kann man das EvThom auf keinen Fall rechnen.

Das EvThom auf diese Weise einzuordnen – und ich glaube, so ist es richtig eingeordnet – führt zu ernsten Konsequenzen.

---

[427] Robinson, Seite 12.

[428] Definition nach G. Sellin (Der Streit um die Auferstehung der Toten, FRLANT 138, Göttingen 1986, Seite 200), die Udo Schnelle verwendet (Das Evangelium nach Johannes, 1998, Seite 20).

[429] Giovanni Filoramo (Spalten 1043-1044): »Gnosis [...] ist eine bestimmte Form religiöser Erkenntnis, die per se erlöst. Sie hängt nicht von einem bestimmten Objekt ab, sondern hat ihren Wert und ihre Begründung in sich selbst. Sie ist insofern totale Erkenntnis, als sie die Dichotomie [das heißt Zweigeteilt-sein] zwischen Subjekt und Objekt, eigentlich jede Dichotomie, überschreitet, weil sie die absolute Erkenntnis des Absoluten ist.«

Wir können annehmen, dass Gnostizismus und Orthodoxie aus dem gleichen Ursprung entstanden sind, und demzufolge in ihrer frühsten Form identisch waren[430]. Noch heute kann man nicht scharf zwischen Orthodoxie und Gnosis unterscheiden[431]. Das »innere Licht« etwa ist gewiss gnostisch, aber auch im NT existent[432].
Die vernünftigste Bezeichnung dieser gemeinsamen Wiege ist wohl die jüdisch-hellenistische Sophia-Tradition, von der Gnostizismus und Orthodoxie beide abstammen[433]. Dass Dieter Georgi schon die »Weisheit Salomos« als gnostisch bezeichnet hat[434], hat sich zwar nicht durchsetzen können; aber als religionswissenschaftliches Urteil hat es mehr Stärken als Schwächen. Dass in der jüdischen Weisheit eine Tendenz zur Gnosis enthalten ist, wird allgemein anerkannt[435]. Ich folge deshalb der mutigen (vielleicht frechen?) Theorie, dass die latente Gnosis der jüdisch-hellenistischen Weisheit der gemeinsame Ursprung von Gnostizismus und Orthodoxie ist. Und darüber hinaus: Der Gnostizismus ist dieser gemeinsamen Wiege eher treu geblieben als die Orthodoxie.
Schon Helmut Köster hat darauf hingewiesen, dass apokryphe Evangelien den urchristlichen Spruchsammlungen oft näher stehen als die synoptischen Evangelien[436]. Das Prinzip aus dem EvThom, der Mensch solle nicht aufhören, zu suchen, wurde im Gnostizismus bewahrt. Die Orthodoxen aber, argwöhnisch gegen soviel Wissensdurst, wandten sich schroff dagegen und formulierten in Antithese: »Nichts gegen die Glaubensregel wissen, heißt alles wissen.«[437]
Vor diesem Hintergrund kann niemand sagen, Jesus sei ein »Orthodoxer« gewesen. Quispels Urteil hingegen, Jesus wäre ein Gnostiker gewesen[438], lässt sich zumindest sehr viel schwerer angreifen, da Gnosis ganz zweifel-

---

[430] Säve-Söderbergh hat diese Verwandtschaft deutlich gemacht. Nach: Zöckler, Seiten 105-106.
[431] Köster, Seite 108.
[432] Vgl. den »Dialog des Erlösers« (NHC III, 5, Seiten 125-126) und Joh 11,9-10. Nach: Zöckler, Seite 95.
[433] Robinson, Seite 97.
[434] Filoramo / Markschies, Spalte 1047.
[435] Vgl. dazu von Lips, Seite 114.
[436] Köster, Seite 154.
[437] Tertullian, »De praescriptione haereticorum« 14,5. Nach: Zöckler, Seiten 136-137.
[438] Quispel, Seite 294. Vgl. auch sein Anmerkung Nr. 30, wo er F. Christ (»Jesus Sophia«, Seite 93) zitiert: »Vor allem seit der Auswertung der Nag-Hammadi-Texte zeigt sich, dass Jesus vielleicht »gnostisierender« gedacht und gesprochen hat, als es aus den Synoptikern klar wird. Dass die jüdischen Hypostasenspekulationen (Sophia-Logos-Pneuma-Hyos) nicht nur in Alexandrien, sondern auch in Palästina lebendig waren, ist heute nicht mehr zu bezweifeln.«

los ein ursprüngliches Moment im Christentum ist[439]. Vom Glauben an die leibliche Auferstehung Jesu lässt sich das weniger behaupten.
Patterson vermutet, die Lebensweise der urchristlichen Wanderprediger (ein Sozialradikalismus) wäre auf dem Wege zum NT »graduell domestiziert« worden[440]. Auch viele orthodoxe Schriften wurden zunächst von Gnostikern verwendet: So waren Lk und Joh bei den Gnostikern beliebt und gerieten erst allmählich zur orthodoxen Domäne. Den ersten allegorischen Kommentar zu Joh schrieb noch der Gnostiker Herakleon[441].
Welche Linie bildet die angemessene Nachfolge des EvThom? Den Bardesanern, entstanden in Edessa und vermutlich die Verfasser der Thomasakten, wurde vorgeworfen, sie würden die leibliche Auferstehung Jesu leugnen[442]. Und ist das nicht genau der Vorwurf, den der Evangelist Johannes den Thomas-Christen macht?
Die moderne Forschung muss darauf aufbauen, dass die Orthodoxie nur eine Linie unter vielen anderen ist, und dass selbst unter jenen Schulen, die wir gewöhnlich dem Gnostizismus anrechnen (wie z.B. den Bardesanern) welche sind, die in enger Nachfolge zum Urchristentum stehen – und zwar noch enger als das NT.

[439] Zöckler, Seiten 254-255.
[440] Patterson, Seite 4, beruft sich auch auf Gerd Theissen.
[441] Ernst Haenchen »Das Johannesevangelium« 1980, Seite 21.
[442] Vgl. Berger, Seite 526. Bardesanes leugnete zwar die Auferstehung Jesu, ist deshalb aber noch nicht unbedingt ein Gnostizist. Auf alle Fälle war er ein Gnostiker.

4. Ist das EvThom mystisch?

Wenn ihr euch erkennen werdet, dann werdet ihr erkannt, und ihr werdet wissen, dass ihr die Söhne des lebendigen Vaters seid.

Evangelium nach Thomas[443]

Man muss wissen, dass Gott zu erkennen und von Gott erkannt zu werden, Gott zu sehen und von Gott gesehen zu werden, der Sache nach eins ist. Indem wir Gott erkennen und sehen, erkennen und sehen wir, dass er uns sehen und erkennen macht.

Meister Eckhart[444]

Mystik, die erfahrbare Vereinigung des Selbst mit Gott, ist in vielen Religionen dieser Welt verbreitet[445]. Im Christentum gilt das Hochmittelalter als die Blütezeit der Mystik.

Im Allgemeinen gilt Bernhard von Clairvaux (1091-1153) als der erste große Mystiker des Abendlandes. Nach ihm treten noch weitere große Mystiker auf und erst im Spätmittelalter verliert die abendländische Mystik an Bedeutung. Was aber ist mit der Zeit vor Bernhard? Gab es da noch keine Mystik?

In der Tat hat Bernhard Probleme, sich auf alte Autoritäten zu berufen. Aus den kanonischen heiligen Schriften hat er das erotische Hohelied Salomos für seine Zwecke umgedeutet, denn im NT kann man kaum einen mystischen Gedanken finden[446].

---

443 Logion 3, vierter Satz.

444 In: J. Quint »Meister Eckhart. Deutsche Predigten und Traktate« (Zürich, 1979, Seite 317). Thomas Zöckler (Seite 176, Anmerkung 125) weist auf diese erstaunliche Parallele hin.

445 Zur Mystik zählt etwa in China: Lao-tse und seine Versenkung ins Tao; in Indien: die Adwaita-Wedanta, das Joga des Patandschali und der Mahajana-Buddhismus; in Japan: der Zen. Die griechischen Mysterienkulte haben über ihren spekulativen Niederschlag – nämlich die platonische und später die neuplatonische Philosophie – über Augustin und Pseudo-Areopagita Einfluss auf die christliche Mystik gewonnen. Eine islamische Mystik bildet der Sufismus. Jüdische Mystik bilden Kabbala und Chassidismus. Nach: Brockhaus 1971, Artikel »Mystik«.

446 Vgl. dazu Joseph Bernhart (Die philosophische Mystik des Mittelalters, Seite 26), der schreibt: »Dem Alten Testament ist die Mystik fremd. […] Diese männliche Stimmung, in der das Mystische, wenn es überhaupt Raum darin hat, doch niemals herrschend werden konnte, waltet auch in den Berichten der drei synoptischen Evangelien.«

Bernhard berief sich zwar auf Augustin, doch das tat er nicht immer zu Recht[447]. Es gibt einfach keine mystische Tradition, die Bernhard aufgegriffen hat.

Wenn wir aber nach außerkanonischen Vorläufern der christlichen Mystik suchen, werden wir schon in im Urchristentum fündig. Das gnostische »Evangelium der Wahrheit« – wahrscheinlich von Valentin verfasst – gilt vielen als erste christliche mystische Schrift[448]. Manche glauben sogar, dass der Gnostizismus beim Entstehen der christlichen Mystik eine wichtige Rolle spielte[449]. Zumindest steht fest: Urchristliche Mystik war »gnostische Mystik«[450].

Wenn wir hingegen nach orthodoxen Vorläufern christlicher Mystik suchen, dann müssen wir mangels direkter Vorläufer einen ziemlich krummen Bogen spannen[451]: Die orthodoxen Urchristen warfen den Gnostikern vor, den falschen Weg zu wählen, um christusförmig zu werden. Sie selbst glaubten hingegen, dass ein Märtyrer, der um seines Glaubens willen stirbt, dem Herrn nacheifert und so christusförmig wird. Das Martyrium als wahre Mystik? Die Orthodoxen konnten den (gnostischen) Mystikern offenbar nichts anderes entgegensetzen. Später wurden die Anforderungen an das Martyrium heruntergesetzt. Dann zählte auch das Leben im Kloster als ein solches Opfer, das man als Martyrium bezeichnen könnte. Erst als mit Dionysius Areopagita neuplatonische Ideen ins Christentum einflossen, entstand ein Modell, mit dem man eine christliche Mystik theoretisch begründen konnte. Noch Meister Eckhart bezieht sich auf diese neuplatonischen Ideen. Soweit unsere Ergebnisse, wenn wir nach orthodoxen Vorläufern der christlichen Mystik suchen.

Nun ist für uns wichtig: Hat das EvThom etwas mit urchristlicher (also gnostischer) Mystik zu tun? Dafür gibt es – so denke ich – überzeugend viele Indizien:

- ❖ Beim Suchen/Finden muss der Mensch aktiv werden. Gott (quasi passiv) lässt sich von ihm finden. Völlig anders erlangt der Mensch das Heil bei den Synoptikern: Dort bittet der Gläubige und hofft im Fol-

---

[447] Bernhard von Clairvaux glaubte, dass die Liebe dem Intellekt überlegen ist – dass sie sogar der wahre Intellekt ist. Dem Intellekt gestand er keine bedeutende Rolle in der Suche nach Gott zu. Ganz anders äußerte sich Augustin: Liebe und Intellekt dürfen sich nicht voneinander trennen oder entfernen. Der Intellekt soll eine wichtige Rolle spielen. (Nach: Theologische Realenzyklopädie, 1984, Artikel »Mystik«.)

[448] Theologische Realenzyklopädie, 1984, Artikel »Mystik«, 1.3.2.

[449] McGinn, Seite 140, führt die von Hans Jonas und vielen anderen vertretene Position an, die Gnostiker hätten beim Übergang vom Mythos zur Mystik eine »zentrale Rolle« gespielt.

[450] McGinn, Seite 140.

[451] Zusammenfassende Darstellung dazu: Theologische Realenzyklopädie, 1984, Artikel »Mystik«

genden darauf, dass Gott aktiv wird. Der Gläubige selbst bleibt aber im Gottvertrauen passiv. Die Synoptiker verhindern also eher, dass der Christ spirituell aktiv wird, das EvThom ruft hingegen dazu auf[452]. Mystische Aktivität wird also im EvThom gefördert.

- Im EvThom ist das Wort Gottes »verinnerlicht« worden. Z.B. in Logion 3 wird fortgeführt, was im 5. Mose 30,11-14 bereits angefangen hat: Das Wort Gottes hat seinen Platz nun im Inneren des Menschen – vergleichbar etwa dem Gewissen (vgl. SapSal 17,11)[453]. Bis dahin gelangte das Wort Gottes durch religiöse Gesetze oder kultische Praxis zu uns. Nun aber ist der Weg frei für ein »inniges« Verhältnis zu Gott anstelle eines distanzierten Gegenübers. Diese innere Schau ist ein typisch mystisches Element[454].
- Im EvThom werden die Söhne Gottes eins mit dem ungeborenen und unsterblichen Bild des göttlichen Urmenschen. Das hat starke Ähnlichkeiten zur Mystik Meister Eckharts[455]. Im EvThom kann jeder die selben Titel wie Jesus erreichen[456]. Das ähnelt der mittelalterlichen »Christusmystik«, in der man danach strebt, christusförmig zu werden.
- Der Eintritt in das Königreich ist ein Wechsel zu einer gänzlich veränderten Perspektive und einen neuem Bewusstsein. Dieser Wechsel ist hier und jetzt bereits möglich[457]. Dieser Aspekt des Schon-jetzt-möglich ist typisch mystisch[458].
- Wer ins Königreich gelangt ist, hat zumindest drei göttliche Attribute erreicht: A) Er lebt nun ewig. B) Er hat nun Allmacht. C) Er ist nun allwissend. Und wenn er nun wie Jesus geworden ist, also zur Inkarnation der göttlichen Weisheit, kann er sogar wie Jesus behaupten, er hätte die ganze Welt erschaffen (Log. 77). Welches göttliche Attribut bleibt dann noch allein Gott vorbehalten? In welchem Punkt ist man dann noch nicht wie Gott geworden? Wo ist die »unio mystica« dann noch unvollkommen?
- Die Forderung, der Körper solle nicht von der Seele abhängen und es solle auch nicht umgekehrt sein (Log. 112), ist ein typisch mystischer Einwand, man solle weltliche Gebärden wie Askese nicht überschätzen (Log. 14). Johannes Tauler, ein Schüler Meister Eckharts, hat sich ganz ähnlich zur Askese geäußert: Hatte Meister Eckhart bereits formuliert,

---

[452] Zöckler, Seiten 68-70.

[453] Zöckler, Seite 174.

[454] McGinn, Seite 144.

[455] Zöckler, Seite 219.

[456] Alle können wie Jesus »Lebendige«, »Söhne« und »Auserwählte« des lebendigen Vaters werden. Davies, Kapitel 5. Vgl. auch McGinn, Seite 147.

[457] Zöckler, Seite 256.

[458] Joseph Bernhart (Die philosophische Mystik des Mittelalters, Seite 31)

man solle alle selbstsüchtigen Pläne und Wünsche (los-)lassen, so ging Tauler noch weiter: Auch das Lassen soll man lassen. Das heißt: Wenn es mein egoistisches Interesse ist, alles zu lassen und so zu Gott zu kommen, so muss ich auch dieses Interesse noch aufgeben, da mein Ego mich von Gott fern hält[459]. Das ähnelt der Position des EvThom, die wahre Askese müsse sich auch der Askese enthalten.

Das EvThom hat also eine Menge mystischer Eigenarten.
Bernard McGinn erkennt in der gnostischen Mystik zwei große Strömungen: Zum einen eine Mystik »von Fall und Aufstieg« der Seele – und zum anderen eine Mystik »von Immanenz und Erwachen«. Die letztere der beiden Strömungen, so McGinn, geht direkt auf das EvThom zurück[460]. Ich denke, es ist nicht verwunderlich, dass eine so mystische Schrift wie das EvThom einen solchen Einfluss auf die gnostische Mystik ausgeübt hat. Ich frage mich, welchen Sitz im Leben das EvThom hatte. Es mag ja – wie Patterson meint – aus dem Wanderradikalismus stammen, aber in seiner heutigen Gestalt ist es eine Schrift, die dazu einlädt, den verborgenen Sinn ihrer Worte zu entschlüsseln. In dieser Funktion würde ich es lieber als ein »Lesemysterium«[461] bezeichnen und nicht als Gedächtnisstütze für Wanderprediger. Auch im Markusevangelium sind die Parabeln zu entschlüsselnde Geheimnisse, gleich den »geheimen Sprüchen« des EvThom[462]. Doch nach Verbindungen zwischen dem EvThom und den damaligen Mysterien (-kulten) wird diese Arbeit leider nicht weiter fragen. Für mich steht also zum Mindesten fest, dass das EvThom mystisch ist. Daraus will ich noch zwei Schlüsse ziehen: Zum Ersten folge ich Thomas Zöckler in der Auffassung, dass der mystische Charakter des EvThom vom historischen Jesus her rührt. Das EvThom ist eine so ursprüngliche Schrift und seine Mystik stammt so folgerichtig aus der jüdisch-hellenistischen Weisheit (etwa der Weisheit Salomos 50 v.Chr.), dass dies ein höchst glaubwürdiger Hinweis auf die Gedanken des Jesus von Nazareth ist[463].
Zum Zweiten ermöglicht die christliche Mystik einen unglaublich tiefgehenden Dialog mit anderen Religionen! So viele Weltreligionen haben Mystik ausgebildet – sie ist ein überkonfessionelles Element. Und dem Mystiker – in seiner innigen Beziehung zu Gott – verlieren alle Forderun-

---

[459] Vgl. dazu Johann Kreuzer »Gestalten mittelalterlicher Philosophie« (München 2000, Seite 138).

[460] McGinn, Seite 146, beruft sich dabei auf B. Layton.

[461] Im Artikel »Gnosis« der Theologischen Realenzyklopädie 1984 heißt es, ein Lesemysterium hätte eine »intendierte Beziehung zum Leser, der beeindruckt und geführt werden soll.« (Seite 531).

[462] Robinson, Seite 87.

[463] Vgl. dazu die höchst spannenden Schlussworte bei Zöckler, Seiten 258-259!

gen von außen an Gewicht, die ihn zum Bekenntnis gewisser Dogmen nötigen wollen. Der Brockhaus formuliert ganz richtig: »Oft werden dem Mystiker konfessionelle Bindungen bedeutungslos.«[464] Meister Eckhart hat empfohlen, beim Aufstieg zu Gott selbst Lehrbilder wie die Dreifaltigkeit hinter sich zu lassen, um zum inneren Selbst Gottes vorzudringen[465]. Wenn die heutige Christenheit die Mystik als ihren historischen Ursprung und als theologisch legitime Alternative begreift, dann werden dogmatische Differenzen unwichtiger. Das wäre bestimmt ein Weg, mit vielen fremden Weltreligionen in zentralen Punkten Übereinstimmungen zu erkennen. Auch die evangelischen Christen, die der (katholischen?) Mystik recht ablehnend gegenüber stehen, müssen sich mit der christlichen Mystik offener befassen, wenn sie sich auf den Ursprung ihrer Religion weiter zu bewegen wollen.

---

[464] Brockhaus 1971, Artikel »Mystik«

[465] Alois M. Haas »Meister Eckhart« (in: »Große Mystiker - Leben und Wirken« Herausgeber: Gerhard Ruhbach und Josef Sudbrack), Seite 163.

Literatur

Bauer, Walter »Rechtgläubigkeit und Ketzerei im ältesten Christentum« Tübingen: J.C.B. Mohr, 1964 (erstmals erschienen 1934)

Berger, Klaus »Gnosis« in: Theologische Realenzyklopädie, Band XIII, 1984

Bornkamm, G. »Evangelien, synoptische« in: Religion in Geschichte und Gegenwart, dritte Auflage 1958, zweiter Band.

Brown, Raymond E. »The Gospel of Thomas and St. John´s Gospel« in: New Testament Studies 9, 1962/63

Cameron, Ron: »Thomas, Gospel of« in: The Anchor Bible Dictionary, Band 6, Seiten 535-40, 1992

Colpe/Haenchen/Kretschmar: »Gnosis« in: Religion in Geschichte und Gegenwart, dritte Auflage 1958, zweiter Band.

Cullmann, Oscar »Das Thomasevangelium und die Frage nach dem Alter der in ihm enthaltenen Tradition« in: Theologische Literaturzeitung 85, 1960

Davies, Stephen L. »The Gospel of Thomas and Christian Wisdom« New York: Seabury, 1983. Im Internet: http://home.epix.net/~miser17/Thomas.html

Eltester, Walther: »Christentum und Gnosis« Berlin: Verlag Alfred Töpelmann, 1969

Facsimile Edition: Department of Antiquities of the Arab Republic of Egypt »The Facsimile Edition of the Nag Hammadi Codices: Codex II« Leiden: Brill, 1974

Fieger, Michael »Das Thomasevangelium« Münster: Aschendorff, 1991

Filoramo/Markschies »Gnosis/Gnostizismus« in: Religion, Geschichte und Gegenwart, vierte Auflage 2000, dritter Band.

Grondin, Michael W. »Grondin´s Interlinear Coptic/English Translation of The Gospel of Thomas« 2nd Edition 1998 im Internet: www.geocities.com/Athens/9068/

Hörmann, Werner »Gnosis« Augsburg: Weltbild Verlag

Kloppenborg, John S. »The Formation of Q« Philadelphia: Fortress Press, 1987

Köster, Helmut und Robinson, James M. »Entwicklungslinien durch die Welt des frühen Christentums« Tübingen, 1971

McGinn, Bernard »Die Mystik im Abendland - Band 1: Ursprünge« Freiburg: Herder, 1994

Michaelis, Wilhelm »Die Apokryphen Schriften zum Neuen Testament« Bremen, 1956

Müller, Peter »Neue Trends in der Jesusforschung« in: Zeitschrift für Neues Testament (ZNT) 1 (1998)

Lips, Hermann von »Weisheitliche Traditionen im Neuen Testament« Neukirchener Verlag, 1990

Patterson, Stephen J. »The Gospel of Thomas and Jesus« Sonoma, California: Polebridge Press, 1993

Puech, Henri-Charles »En quête de la Gnose, 2: Sur l´Évangile selon Thomas« Paris, 1978

Quispel, Gille »Gnosis and the new sayings of Jesus« in: Eranos Jahrbuch vol. 38, Zürich: Rhein Verlag, 1972

Riley, Gregory J. »Resurrection Reconsidered: Thomas and John in Controversey« Augsburg Fortress, 1995

Robinson: siehe Köster/Robinson.

Sanders, Ed Parish »Paulus - eine Einführung« Stuttgart: Reclam, 1995

Scheliha, Arnulf von »Kyniker, Prophet, Revolutionär oder Sohn Gottes? Die dritte Runde der Frage nach dem historischen Jesus und ihre christologische Bedeutung« in: Zeitschrift für Neues Testament (ZNT) 4 (2. Jg. 1999)

Schneemelcher, Wilhelm »Neutestamentliche Apokryphen — I: Evangelien« Tübingen: Mohr, 1959

Scholz, Jörg »Frühe Sammlungen von Jesusworten« Steinkopf Verlag, 2000

Schröter, Jens »Erinnerung an Jesu Worte - Studien zur Rezeption der Logienüberlieferung in Markus, Q und Thomas« Neukircher Verlag 1997

Torini/Scholten: »Gnosis« in: Lexikon für Theologie und Kirche, Band 4, 1995

Trebilco, Paul R. »Jewish Communities in Asia Minor« Cambridge University Press 1991

Valantasis, Richard »The Gospel of Thomas« Routledge, 1997

Vielhauer, Philipp »Geschichte der urchristlichen Literatur« Berlin, 1975

Zöckler, Thomas »Jesu Lehren im Thomasevangelium« Leiden: Brill 1999

Zeitfracht Medien GmbH
Ferdinand-Jühlke-Straße 7
99095 Erfurt, Deutschland
produktsicherheit@kolibri360.de